Tumasch Dolf · Meine Geige
Erzählungen

T0122517

P VER
V ALA
ER NG
LAG O

Tumasch Dolf
Meine Geige
Erzählungen

Aus dem Sutselvischen
übersetzt von Huldrych Blanke
Mit sieben Zeichnungen von Menga Dolf

Pano Verlag Zürich

Die vorliegenden Geschichten wurden der sutselvischen Original-
ausgabe entnommen, die unter dem Titel *Dolf, Tumasch: Istorgias II*
bei Renania, Lia Rumantscha, Chur 1959, erschienen ist.

Diese Publikation wurde freundlicherweise unterstützt durch
· die Cagliatscha Stiftung
· die Kulturförderung, Kanton Graubünden
· die Corporaziun Val Schons
· die Kulturfachstelle, Stadt Chur

Zeichnungen © Menga Dolf, Chur
Originale der Zeichnungen 15×21 cm, Kohlestift (bei der ersten:
Kohle- und Farbstift) auf Papier

Fotografie von Tumasch Dolf aufgenommen 1936 von Albert Köppel
(Archiv Menga-Juan Dolf, Zillis-Reischen)
Zeichnungen von Menga Dolf

Umschlaggestaltung: g : a gataric : ackermann www.g-a.ch
Satz und Layout: Claudia Wild, Stuttgart
Druck: ROSCH-BUCH GmbH, Scheßlitz

Die Deutsche Bibliothek – Bibliografische Einheitsaufnahme
Die Deutsche Bibliothek verzeichnet diese Publikation in der Deut-
schen Nationalbibliografie; detaillierte bibliografische Daten sind im
Internet über http://dnb.ddb.de abrufbar.

ISBN 3-907576-71-3
© 2004 Pano Verlag Zürich
www.pano.ch

Inhalt

Tumasch Dolf und die sutselvischen Romanen am Hinterrhein

Wer auf einer Wanderung am Bündner Schamserberg nach Maton kommt, wird dort vor einer an einem ältern Bauernhaus angebrachten, in sutselvischem Romanisch verfassten Gedenktafel stehen bleiben:

Tgea paterna da
Tumasch Dolf
1889–1963
cumponist a scrivànt rumàntsch
rimnader da la canzùn populara

und wird sich fragen: Wer war Tumasch Dolf?

Tatsächlich ist Dolf mit seinem bescheidenen und unspektakulären Wirken über die romanische Sprachgrenze hinaus weitgehend ein Unbekannter geblieben. Die Übersetzung der Inschrift (bei der die Einheimischen gern behilflich sind) kann eine erste Antwort geben: «Elternhaus von / *Tumasch Dolf* / 1889–1963 / Komponist und romanischer Schriftsteller / Sammler von Volksliedern». Etwas ausführlicher möchte dieses Büchlein Gestalt und Lebenswelt des sutselvischen Kulturförderers vorstellen.

Tumasch Dolf wurde am 31. Juni 1889 in dem hoch über dem Hinterrhein gelegenen Dorf Maton geboren. Sein Vater war, wie bereits der Grossvater und Urgrossvater, Bergbauer und Lehrer. Tumasch ist bei ihm in die Schule gegangen und hat von ihm nicht nur den Beruf und die Geige, sondern auch die musikalische Begabung und den Humor geerbt. Nach seiner Ausbildung am Bündner Lehrerseminar in Chur, das ihm auch die später am Zürcher Konservatorium vervollständigte musikalische Grundausbildung vermittelte, wirkte er als Lehrer in Donat und an den Sekundarschulen von Tamins und Zillis. 1909 komponierte er, inspiriert von einem Gedicht des Schamser Lyrikers Schamun Mani, sein erstes Lied «Rosetta cotschna» («Rotes Röschen»). Es sollten ihm zahlreiche weitere, mit romantischem Empfinden vertonte Chorlieder nach Gedichten aus den verschiedenen romanischen Idiomen folgen, häufig nach Texten des surselvischen Poeten und Freundes Gian Fontana. 1924 veröffentlichte er das Singspiel «Stiva da filar» («Spinnstube»), das für Chorgesang gesetzte Schamser Volkslieder zu einem Strauss vereinigte und mit einer von Gian Fontana (zusammen mit Eduard Bezzola) verfassten Spielhandlung viele Aufführungen erlebte. Auch dem religiösen Lied galt Dolfs Interesse. 1933 gab er eine Sammlung von – für gemischten Chor bearbeiteten – religiösen Volksliedern heraus («Canzuns religiusas popularas»). Daneben schuf der Komponist und Organist auch eigene, für den Gemeindegesang bestimmte Lieder, die ins romanische Gesangbuch der Reformierten am Rhein eingegangen sind.

Doch darf über dem Musiker der *Erzähler* nicht vergessen werden. Dolf war der Erste, der eine Geschichte im sutselvischen Idiom – im Dialekt seines Heimatdorfes Maton – verfasste (1916). Man könnte seine Prosa als eine schriftliche Fortsetzung der mündlichen Schamser Erzähltradition bezeichnen, wie seine Tante Freana sie ihm vermittelt hatte. Ihr Charakter ist retrospektiv, doch ohne nostalgische Verklärung und partikularistische Tendenz. Dolf erzählt kindlich-schlicht in der Sprache, die ihm als Muttersprache gegeben ist, weiss sich aber zugleich und selbstverständlich der gesamten Rätoromania verbunden, wie seine regen Kontakte mit Schriftstellern in der Surselva und im Engadin bezeugen. Seine Hoffnung war, dass es noch möglich sei, die am Hinterrhein gesprochenen romanischen Mundarten zu erhalten und sie zugleich in die Schriftsprache der grösseren und kräftigeren Nachbarin Surselva einzubinden.

Es ist angebracht, hier die kleine Sprachwelt, der Dolf entstammte und die er zu fördern suchte, in ihrer Geschichte und gegenwärtigen Situation kurz vorzustellen.

Nicht ohne Besorgnis haben die Rätoromanen und ihre Freunde die Resultate der Volkszählung 2000 zur Kenntnis genommen. Seit 1990 ist in der Schweiz die Zahl derjenigen, die Rätoromanisch als ihre Hauptsprache (in der sie denken, die sie am besten beherrschen) bezeichnen, von 39 632 auf 35 095 zurückgegangen, in Graubünden von 29 679 auf 27 038. Wer seine Hoffnung auf die Zahlen zur Frage nach der im Alltag (Familie, Schule, Beruf) verwendeten Umgangssprache setzte, wurde erst recht enttäuscht. Die Summe der Zahlen von Haupt- und Umgangssprache hat seit 1990 von 66 356 auf 44 584 (in der Schweiz) und von 41 092 auf 35 798 (in Graubünden) abgenommen. Besonders augenfällig ist der Rückgang bei den Romanen in der Sutselva (im Domleschg, im Schams und am Heinzenberg), wo das kleinste der fünf Idiome, das Rumantsch sutsilvan, gesprochen wird. Bildeten die Romanen einstmals (um 1850) auch hier die Sprachmehrheit, so sind es im Jahr 2000 in einer auf 11 453 Bewohner angewachsenen Bevölkerung noch 1175, die Romanisch sprechen (Haupt- und Umgangssprache). Seine letzte Bastion hat das Idiom heute in den acht zwischen Roflaschlucht und Viamala über dem Hinterrhein gelegenen Dörfern des Schamserbergs (Maton, Lon, Donat u.a.), wo es von 252 der 388 Einwohner als Haupt- und Umgangssprache verwendet wird und wo in Donat noch die einzige sutselvisch geführte Schule (1.–4. Klasse) besteht.

Man fragt sich, weshalb der Zerfallsprozess des Rumantsch sutsilvan im Vergleich zu dem der Schwesteridiome in den letzten 150 Jahren so rasch voranschritt, und kann mehrere, teils äussere und teils innere Gründe finden. Zu den äussern gehört der viel begangene Verkehrsweg am Hinterrhein, der Verdienst in die Täler brachte, aber sprachlich destruktive Folgen hatte, zu den innern die fehlende Tragfähigkeit des Sprachfundaments.

Es war die Reformation, die in den Drei Bünden zu diesem Fundament verholfen hatte. In ihrem Bestreben, auch den Rätoromanen das Bibelwort in ihrer Muttersprache zu vermitteln, schuf sie die ersten, in den einheimischen Idiomen gedruckten Bücher, Katechismen (biblische Lehrbücher) und Bibelübersetzungen, die eine sprachgeschichtlich bedeutsame Nebenwirkung hatten: sie weckten eine reiche, zunächst religiös geprägte Literatur (auch auf der konfessionellen Gegenseite, die sich zur Selbstdarstellung und zum Widerspruch herausgefordert sah) und festigten so das rätoromanische Sprachbewusstsein.

Den Anfang machte das Engadin, wo 1552 das erste rätoromanische Buch erschien: «La Fuorma», ein evangelischer Katechismus mit einer Lesefibel als Anhang. Es sollte nach dem Willen seines Schöpfers, des Samedaner Gemeindeschreibers *Jachiam Bifrun*, als Vorhut eines gewichtigeren Werkes dienen: des ladinischen Neuen Testaments, welches er 1560 herausgab und welches – zusammen mit den vom Prädikanten *Durich Chiampell* übersetzten und 1562 veröffentlichten Psalmen – das Fundament der Sprachentwicklung bei den Engadinern bildete.

Zu einem ersten Schritt in die gleichen Richtung kam es bei den Romanen am Rhein im Domleschg – also in der später so genannten Sutselva. 1601 veröffentlichte *Daniel Bonifaci* (1574–1639), der im Dienst des Verwalters auf Schloss Farschno (Fürstenau) als Schulmeister wirkte, sein «curt mussament ... eintin noss natüral linguagh da Tumlgieschka», einen Katechismus und eine Anstandslehre für Knaben in der Sprache des Domleschg (wie Bifruns «Fuorma» eine Übersetzung eines Churer Katechismus). Doch blieb das kleine, vor allem für den Schulgebrauch konzipierte Werk, dem auch kein Neues Testament folgen sollte, ohne Breiten- und Tiefenwirkung. Es war der Prädikant *Steffan Gabriel* – ein Engadiner, der in Flims und Ilanz als Pfarrer wirkte –, der Bonifacis Pionierarbeit übernahm und in der dem Sutselvischen nahestehenden Sprache der unteren Surselva weiterführte. 1611 erschien sein Katechismus «Igl ver sulaz da pievel giuvan» («Die wahre Unterhaltung des jungen Volkes»), ein äusserlich und inhaltlich gewichtiges Werk, das sich bei den Prädikanten am Vorder- und Hinterrhein in kurzer Zeit als religiöser und sprachlicher Leitfaden durchsetzen sollte und 1648 eine Ergänzung fand in einem von Steffan Gabriels Sohn Luci übersetzten surselvischen Neuen Testament.

Allerdings sollte der Versuch der Pfarrer, das Sutselvische schriftsprachlich an das Surselvische anzuschliessen, in der Sutselva keinen Anklang finden. Auch der Einsatz des vielseitig interessierten Prädikanten *Mattli Conrad* in Andeer (1745–1832), der in bewusstem Gegensatz zu seinem aufklärerischen Freundeskreis für die Erhaltung der althergebrachten rätoromanischen Sprache eintrat und in mehreren Publikationen das von Gabriel herstammende Sursilvan auch in der Sutselva als Schriftsprache zu fördern suchte, blieb ohne nachhaltige Wirkung. Die Sprachkrise spitzte sich zu. Als in der Mitte des 19. Jahrhunderts die Schulen der Surselva, des Engadins und des Oberhalbsteins vom Kanton Lehrmittel im eigenen Idiom erhielten, diejenigen der Sutselva aber unberücksichtigt blieben, beschloss die Schamser Lehrerkonferenz 1859, Deutsch als Unterrichtssprache einzuführen – ein Kurzschluss-Entscheid, der jenen Kräften willkommen war (nicht zuletzt den damaligen Schulinspektoren), für die das Romanische ein Hindernis auf dem Weg des Fortschritts bedeutete. Es kam soweit, dass die Verwendung des Rätoromanischen auch auf dem Pausenplatz verboten wurde, bei einer Strafe von fünf Rappen zugunsten der Schulreisekasse.

Erst die in der zweiten Hälfte des 19. Jahrhunderts in Gang gekommene «rätoromanische Renaissance» vermochte auch in der Sutselva ein neues Interesse an der alten Sprache zu erwecken. 1913 beauftragte Caspar Decurtins aus Trun, der Herausgeber der *Rätoromanischen Chrestomathie*, einer umfassenden Sammlung des mündlichen romanischen Traditionsgutes, die beiden aus den Schams stammenden Lehrer *Tumasch Dolf* und *Steafan Loringett*, die Sammelaufgabe für ihr Heimattal zu übernehmen (heute Bd. XIV der Chrestomathie). Er sollte sie damit zu Promotoren der sutselvischen Spracherweckung machen.

Dolf kann als Inspirator, sein Freund Loringett, der spätere Präsident der Lia Rumantscha, als ihr Wegmacher bezeichnet werden. Mit dem ihm eigenen Organisationstalent suchte Loringett dem von Mattli Conrad angestrebten, von Dolf und von ihm selbst aufgenommenen Sprachkonzept am Hinterrhein zum Durchbruch zu verhelfen. Er schuf eine surselvische Lesefibel für die Schulen der Sutselva sowie, zu ihrer Unterstützung, die Institution surselvischer Wanderlehrer, stiess aber auf den nach wie vor wachen Widerstand seiner Landsleute, deren Bedenken, dass die einheimische Sprache unter dem Druck der Anpassung verschwinde, ihm selbst nicht fremd war.

Es war ein italienischer Linguist, der der albanischen Sprachminderheit Kalabriens entstammende Immigrant *Giuseppe Gangale* (1898–1978), der ihm damals (1943) als Retter in der Not erschien und, wie er hoffte, einen weniger anstössigen Weg der Hilfe für die bedrohte kleine Sprache zeigte. Gangale, dessen Spezialgebiet die europäischen Kleinsprachen waren, griff auf den von Bonifaci gesetzten Anfang zurück (den er durch eine sutselvische Übersetzung des Neuen Testaments zu vervollständigen suchte!) und schlug vor, für die Sutselva mit Hilfe einer sogenannten «Deckmantelorthographie» eine eigene Schriftsprache zu schaffen. Diese sollte unter Anwendung von Lautzeichen (vor allem des Gravis) dialektal gelesen und zugleich einheitlich geschrieben werden können. Ein Entwurf, den er auf Loringetts Aufforderung hin für eine Konferenz sutselvischer Lehrer verfasste, fand im Januar 1944 deren Zustimmung und wurde in der Folge als schriftsprachliche Grundlage des neuen Idioms Rumantsch sutsilvan ausgestaltet.

Heute zeigt sich allerdings, dass die damalige Weichenstellung weitgehend erfolglos geblieben ist. «Il grànd siemi d'egna Sutselva fearma a sàna â malaveta betga sacumplanieu …» («Der grosse Traum einer starken und gesunden

Sutselva hat sich leider nicht erfüllt ...»), notiert 1990 der sutselvische Schriftsteller und Lehrer *Curo Mani* (1918– 1997), der Gangales engster Mitarbeiter gewesen war. Man fragt sich, ob der von Dolf vorgesehene Weg eher ans Ziel geführt hätte. Es ist schwer zu sagen; ja man ist versucht, dem Wort des biblischen Predigers zuzustimmen: «Alles hat seine Zeit ...» (Kohelet Kap. 3). – Dass das Rumantsch grischun, das neugeschaffene Einheitsromanisch, dem «glimmenden Docht» Hilfe bringen kann, muss bezweifelt werden. Es ist kaum anzunehmen, dass die Sutsilvaner, denen bereits das Surselvische als Schriftsprache zu fremd und fern war, den Willen und die Kraft aufbringen, neben der Pflege des eigenen Idioms eine neue rätoromanische Sprachvariante zu erlernen und zu verwenden. Eher werden sie sich zum Rückzug in die innere Emigration der Haus- und Stallsprache gedrängt sehen, um schliesslich als eigenständiges Element in der kleinen rätoromanischen Sprachfamilie zu verschwinden – ein Verlust, der im Zug der Zeit kaum wahrgenommen werden dürfte.

Hier sind ein paar Anmerkungen zur Auswahl und zur Übersetzungspraxis sowie Worte des Dankes anzufügen. Die *Auswahl* beschränkt sich auf diejenigen Geschichten, die aus der Sicht des etwa zehnjährigen Tumasch Dolf aus Munsulegl (Maton) erzählt sind, das heisst auf Band II der gesammelten Erzählungen und hier vor allem auf jene, die unter dem Titel «Or da la veta digl autur» («Aus dem Leben des Autors») zusammengefasst sind. Diese scheinen mir die ursprünglicheren und originelleren von Dolfs literarischen Schöpfungen zu sein, vor jenen, die eine abgerundete Geschichte zu gestalten suchen oder die Beschreibung des heimatlichen Brauchtums und der heimischen Natur in den Vordergrund stellen. Besonders gelungen ist meines Erachtens die Erzählung von der alten Geige. Ein symbolischer Sinn, der darin gefunden werden kann (wie auch im «talatg») – die alte Geige als Symbol der alten Sprache –, dürfte dem spontan schreibenden Erzähler unabsichtlich in die Feder geflossen sein.

Überzeugt, mit dieser kleinen Sammlung Texte ans Licht zu bringen, die auch ausserhalb der romanischen Sprachgrenze Beachtung verdienen, bin ich mir zugleich bewusst, dass damit vor allem ein begrenzter, an Kindheitserinnerungen interessierter Leserkreis angesprochen ist, also hauptsächlich die ältere Generation, zu der ich selber zähle.

Was die *Übersetzung* betrifft, so versucht sie, dem Erzähler Dolf nicht nur dem Worte, sondern auch dem Geiste nach zu folgen. Ein paar Entscheidungen, die dabei getroffen wurden, sollen hier Erwähnung finden. Namen, auch Ortsnamen, verbleiben in der Regel in der im Text des Buches gegebenen Schreibweise. Ausdrücke, die gelegentlich – selten – im Wortlaut des Originals übernommen sind, weil sie (zum Beispiel als Germanismen) als solche verständlich sind, sind zwischen einfache Anführungs- und Schlusszeichen gesetzt. Kurze Erläuterungen zu einzelnen Wörtern und Formulierungen werden am Schluss der Erzählung als Anmerkung gegeben. In zweierlei Hinsicht habe ich am Text gelegentlich kleine Änderungen angebracht. Ich habe an ein paar meines Erachtens belanglosen, den Fluss der Erzählung hemmenden Stellen geringfügige Kürzungen vorgenommen. Ich habe bei Dolfs relativ häufigem, wahrscheinlich von der mündlichen Erzähltradition inspirierten Wechsel zwischen den Zeitformen der Vergangenheit und Gegenwart das Präsens dort übernommen, wo die Aktualisierung vom Handlungsverlauf her angebracht war; im Übrigen habe ich mich für die Erzählung im Imperfekt oder Perfekt entschieden.

Mit Dank sei hier vermerkt, dass ich bei einigen, fast nur Einheimischen verständlichen Wörtern und Passagen Hilfe bei meinem Vorgänger im Pfarramt Zillis-Schamserberg, dem in Casti am Schamserberg geborenen Pfarrer Jacob Michael (1916–2003), finden durfte. Er hat mir jeweils aus seiner alten Verbundenheit mit dem Dichter und der Schamserberger Heimat die nötigen Auskünfte gegeben. (Seine eigenen, von Dolf inspirierten, z.T. sehr gelungenen Jugendgeschichten sind in dem Sammelband «Igl cratsch vean» – «Der Nachzügler kommt» –, Renania, Donat 1997, erschienen.) Nach seinem Tod durfte ich in Übersetzungsfragen Rat und Unterstützung finden bei Paul Michael aus Donat, dem sutselvischen Redaktor des Calenders par mintga gi in Chur.

Zum Schluss ist ein Wort des *Dankes* an die Familie des sutselvischen Kulturförderers anzubringen. Zu Dank verpflichtet bin ich vor allem seiner Tochter Menga Juon-Dolf in Reischen, Zillis, die während meiner Amtszeit in Zillis-Schamserberg als Chordirigentin und Organistin wirkte und mir durch ihre, von den Aufzeichnungen ihres verstorbenen Bruders Benedetg ergänzten Schilderungen den Menschen, Musiker und Erzähler Tumasch Dolf nahegebracht hat. Sehr habe ich mich auch gefreut über die Bereitschaft der Malerin Menga Dolf, einer (aus dem familiären Zweig des Musikers Benedetg herstammenden) Enkelin von Tumasch Dolf, Zeichnungen aus dem ihr vertrauten Matoner «ambiaint» zu diesem Bändchen beizutragen.

*

Aus der Liste der Liste der Veröffentlichungen von und über Tumasch Dolf sollen hier erwähnt werden: Tumasch Dolf, Istorgias I, Thusis 1954; Istorgias II, Chur 1959 (Band II, dem die hier ins Deutsche übersetzten Erzählungen entnommen sind, ist bei der Herausgeberin Lia Rumantscha/Renania, 7000 Chur, noch erhältlich). Benedict Mani, Tumasch Dolf, Bündner Jahrbuch 1964, Chur; Jacob Michael, Tumasch Dolf, tarda undrientscha, Annalas da la Società retorumantscha LXXXV, Samedan 1972.

Literatur zur Sprachenfrage in der Sutselva (Auswahl): Rätoromanische Chrestomathie, hg. von Caspar Decurtins, 1888ff., Reprint Chur 1983ff., v.a. Bd. I und XIV; Giuseppe Gangale, Surselva–Sutselva tras l'istorgia, figl ordroda da la Casa Paterna nr. 10, Cuera 6 marz 1947; Steafan Loringett, Digl Rumantsch an Schons, in: Heimatbuch Schams, Chur 1958; Tumasch Dolf, Tradiztgùn da Schons, in: Heimatbuch Schams, Chur 1958 (ein Beitrag, der in der 2. Auflage des Heimatbuches, 1961, leider nicht mehr zu finden ist); Curo Mani, Einleitung zum Pledari sutsilvan, Chur 1977; Clau Soler, Romanisch im Domleschg, Zürich 1988; ders., Romanisch im Schams, Zürich 1991; Curo Mani, Sprache und Kultur der romanischen Sutselva, in: Das Schamsertal – seine Geschichte, Sprache und Musik, Donat 1992.

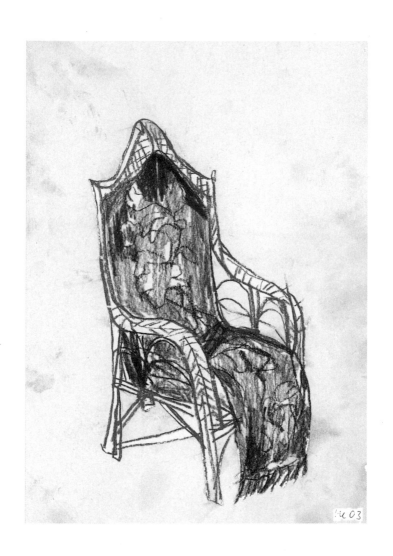

Menga Dolf, «Der Königsstuhl»

Mein ‹talatg›

Im Schams weiss jeder Bub, was ein ‹talatg›[1] ist. (In der Surselva sagen sie, glaub ich, «platiala».) Und an einem richtigen ‹talatg› mit seinem klaren Ton – nicht mit dem dunklen Klang der amerikanischen – hat zweifellos jeder Bub die grösste Freude, erst recht, wenn er von einer schönen Kuh getragen wird.

Ich war so ein Bub und bin das heute noch ein wenig. Wenn ich die guten alten Kuhschellen läuten höre, ist mir noch immer, als müsse ich den Stock ergreifen – den Haselstock, in den die Hüttage mit Kerben eingeritzt sind –, den durchlöcherten Hut aufsetzen und über die Weide hinter meinen Tieren aufwärts ziehen.

Ich war ein Bub von sieben oder acht Jahren. Mein Vater hatte damals eine ältere, dunkelbraune Kuh, die wir kurz «la Bregna»[2] nannten. Von unsern Kühen ist sie die erste, an die ich mich erinnern kann. Sie hatte am linken Knie eine sehr grosse Beule. Sie war eine kluge Kuh, die den Verlauf der Bauernarbeit kannte. So gegen Ende Juni mussten wir gut aufpassen, sonst entwischte sie uns und stieg ganz allein zur Alp hinauf. Ich sehe das gute Tier noch heute.

Da sie bereits älter war, entschloss sich der Vater, sie, solange sie noch ihren Preis hatte, zum Verkauf anzubieten. Er ging auf den Viehmarkt in Thusis, wo er, ohne sie mitgenommen zu haben, mit einem Bekannten, der am Heinzenberg wohnte und eine Milchkuh suchte, handelseinig wurde. Wir Kinder waren über diesen Handel gar nicht erfreut, doch das half nichts. Und eines Abends sagte der Vater: «Morgen gehe ich nach Thusis mit der Bregna, und du, Tumasch, kannst mitkommen. Du bist jetzt gross genug für den Weg nach Thusis und zurück.»

Das war nun etwas ganz Besonderes, nach Thusis mitgehen zu dürfen! Ich war noch nie so weit fort gewesen, nur bis Zillis, und meinte, dass hinter der Viamala das Paradies beginne, denn von dort kamen die Äpfel und Birnen sowie die Zuckerbrötchen, die Betta an der Landsgemeinde verkaufte.

Viel habe ich in jener Nacht nicht geschlafen. Die ganze Nacht war ich unterwegs und sah haufenweise Äpfel und Birnen und Läden voller Zuckerbrötchen und Schokolade. Am Morgen galt es, vor Morgengrauen aufzustehen. Zum Frühstück ass ich fast nichts, obwohl mich die Mutter unablässig mahnte: «Iss, Bub, sonst hast du Hunger, bevor ihr draussen seid.» Als wir fertig waren, sagte der Vater: «Dann wollen wir in Gottes Namen mit unserer Bregna gehen», und ich erinnere mich, dass seine Stimme ein wenig zitterte.

Wir gingen in den Stall hinunter, um unsere Bregna zu holen. Der Vater musste sie mit aller Kraft von der Brücke ziehen, denn ohne Zweifel spürte unsere alte Kuh etwas, und die anderen Tiere im Stall begannen zu muhen. Die Mutter stand mit der Lampe in der Hand unter der Türe und sah uns zu. Mir war, als wische sie sich etwas aus den Augen. «So geht – in Gottes Namen», sagte sie noch.

Wir gingen durch die Tgeava und über die Pitgogna hinunter. Ja, der Morgen war wunderbar, der Himmel ganz klar und noch bestirnt. Ich war noch nie so früh am Morgen unterwegs gewesen. Die Helligkeit kam hinter dem Curvér hervor und war voller Verheissung: ein Tag, der Licht und Wunder bringen würde.

Als wir in Farden unten waren, begann es zu tagen. Der ô Giriet[3] war gerade aufgestanden und auf den Vorplatz herausgekommen.

«Hast die Alte verkauft?», fragte er den Vater.

«Ja, sie war eine gute Kuh, noch in diesem Sommer hatte sie einen Ertrag von dreissig Pfund Butter auf Curtginatsch.»

«Ich weiss. Ich weiss.»

Bald waren wir in Donat unten, kamen über Pardaglias hinab zum Rhein, den wir überquerten, und gingen nach Zillis hinauf. Obwohl es noch früh war, gab es schon solche, die das Vieh zum Brunnen führten. Der ô Risch kam gerade aus dem Stall herauf, wo er vor dem Tränken ein erstes Mal gefüttert hatte.

«Willst sie verkaufen, Banadetg?»

«Ja, ich gab sie draussen einem vom Heinzenberg.»

«So ist das. Und einen prächtigen Buben hast du da.»

Gern hörte ich, dass der ô Risch auch mich gesehen hatte und der Meinung war, dass ich ein prächtiger Bub sei. – Mehr habe ich von Zillis nicht in Erinnerung behalten.

In Rania draussen kam uns ein Mann entgegen, der eine Schaufel auf der Schulter trug.

«Auch schon da unten? Heute bist du früh dran!»

«Ja, wir sind zeitig aufgestanden; bevor es tagte.»

Sie redeten eine Zeit lang miteinander. Die Bregna frass Gras am Strassenrand, und ich betrachtete mit Staunen die grosse Brücke, die Tannen und die Felsen. Endlich gingen wir weiter und erreichten die hohen Brücken der Viamala. Da standen einem die Haare zu Berg, wenn man hinunterschaute und sah, wie in der Tiefe der Rhein sich durch ein enges Bett zwängte. Dann kamen wir zum «Farloraloch»[4], wo ich aus dem Staunen nicht herauskam. Da hatten sie für die Strasse ein Loch durch den Felsen gebohrt. Das sei ein Tunnel oder eine Galerie, sagte der Vater, ich solle jauchzen. Und siehe da: das gab ein Echo wie in einer Kirche.

So gegen neun Uhr sind wir in Thusis angekommen.

Ich konnte vor Müdigkeit kaum noch gehen, doch der Vater machte mir Mut.

«Jetzt komm, mein Bub, es ist nicht mehr weit – noch eine Kehre.»

Und wirklich, da waren Häuser und eine Brücke, die über einen Bach hinüberführte, und dann gings ins Dorf hinauf. Der Bach hatte pechschwarze Wellen. Er heisse Anugl und komme vom Bavregn herunter.

Bald waren wir drüben. Solche Häuser hatte ich noch nie gesehen, eins sah aus wie das andere, als wären sie einem Baukasten entnommen, und die Strasse ging schnurgerade zwischen den Häusern weiter – zuletzt waren sie so klein, dass man sie fast nicht mehr sehen konnte, und die Strasse war so eng, dass man meinte, sie höre auf.

Wir bogen mit der Bregna in eine Gasse ab, die aufwärts zu einem Stall führte, wo wir sie unterbrachten. Der war ganz anders als der unsrige. Und ein Mann, der deutsch sprach und eine blaue, nicht sehr saubere Kutte trug, gab ihr einen Arm voll grobes Heu. Ich suchte die Hand des Vaters, und wir gingen wieder hinunter und weiter auf der Thusner Hauptstrasse. Da gabs viel zu sehen, Läden und anderes. Und die Leute hatten fast alle Sonntagskleider an. Dann trat aus einem der Läden ein grosser Mann heraus, der einen mächtigen Bart hatte und einen Hut auf dem Kopf.

«‹Ai bùngi Banadetg›, bist angekommen! Und wo hast du die Kuh eingestellt?»

«Bei den Camenischs.»

«Und schau da, was für ein grosser Bub, der eine so weite Reise macht!»

Dieser Mann gefiel mir sogleich.

Wir gingen dann nochmals in den Stall hinauf, um die Kuh anzuschauen, dann setzten wir uns in die Wirtschaft der Camenischs.

Der Mann vom Heinzenberg bestellte zu trinken, für sich und für den Vater Wein, und für mich eine Flasche eines roten, sehr süssen Getränks. «Trink nur», sagte die Serviertochter, «das ist Limonade»; und es war wirklich gut, ich habe heute noch den Geschmack im Mund.

Schliesslich zog der Mann ein Notizbüchlein aus der Rocktasche und entnahm ihm drei neue grüne Banknoten und gab sie dem Vater. Fünfzehn Goldstücke war ihm die Kuh wert. Das war viel!

«Und dein Bub? Wie heisst er?»

«Tumasch.»

«Du musst auch etwas haben.»

Er zog den Geldbeutel hervor und entnahm ihm – ich konnte es fast nicht glauben – zwei Franken, zwei Franken für mich, damit ich mir etwas kaufe, das mir Freude macht! – Die Worte fehlten mir, um ihm zu danken. Aber mein Herz hat ihm gedankt. Noch sehe ich sein gütiges Gesicht. Dann gingen wir in den Stall hinauf. Der Mann nahm die Bregna am Leitseil, und wir mussten uns von unserer guten Alten verabschieden. Nur ungern liess sie sich durch Thusis aufwärts führen, wandte hie und da den Kopf und schaute zurück...

Und jetzt? Ich hatte zwei Franken! – Was sollte ich damit kaufen? Ach, ich wusste schon was, hatte es gleich gewusst: einen ‹talatg›, einen richtigen ‹talatg›! Eine von den grösseren, runden Glocken besassen wir bereits, doch das war nicht genug für einen jungen Hirten. Mein Freund Giorg hatte neben dieser auch einen ‹talatg›. Beide hatten einen kräftigen Klang, doch nur der ‹talatg› war bis in die Ferne zu hören. Auch ich musste einen ‹talatg› haben!

«Nicht wahr Vater – du kaufst einen ‹talatg›?»

«Ja, wenns denn sein muss; dann gehen wir dort hinüber in diesen Laden und schauen, ob sie etwas Rechtes haben, und nicht zu teuer.»

Wir gingen über die Strasse und traten in den Laden ein. Da war ein alter, grosser Mann, der eine mächtige rote Nase hatte. Und der redete sogar romanisch. (Vom Deutschen hatte ich damals noch keine Ahnung, konnte nicht viel mehr als «ja» und «nein» sagen.)

Ob er einen ‹talatg› habe für den Buben, nicht einen allzu teuren, fragte der Vater.

«Aber sicher, ich werde gleich ein paar bringen, dann könnt ihr einen aussuchen.»

Er verschwand irgendwo im Hintergrund und kam mit einem ganzen Haufen ‹talatgs› zurück. Ich zitterte vor Aufregung. Der Vater nahm einen nach dem andern in die Hand und probierte ihn aus. Was für Töne!

«Welchen willst du?»

Es war schwer, sehr schwer auszuwählen. Am liebsten hätte ich alle genommen.

«Ich glaube, wir nehmen diesen», sagte der Vater und zeigte auf einen mittlerer Grösse.

«Was kostet er?»

«Zwei Franken fünfzig.»

So viel! Ich schaute mit Zittern und Zagen auf den Vater, doch der war – zu meiner riesigen Freude – einverstanden, nahm zwei Franken und fünfzig Rappen heraus und bezahlte den ‹talatg›. Ich war überglücklich. Ich hatte einen ‹talatg›. Wenns nach mir gegangen wäre, hätte ich ihn gleich genommen und wäre damit in Thusis herumgetanzt. Doch einfach so gab ihn der Mann nicht her; er wollte ihn einpacken und hat eine Schnur darum gebunden.

Wo wir sonst noch gewesen sind, weiss ich nicht mehr. Ich dachte an nichts anderes als an meinen ‹talatg›. Als wir zuhinterst in Thusis anlangten, musste der Vater das Päcklein aufmachen und den ‹talatg› herausnehmen. Erst jetzt hörte ich richtig, was für einen feinen Klang er hatte. Nein, solche gabs in Munsulegl oben nicht. Und wenn man genau hinhörte, hörte man nicht nur einen Ton, sondern auch andere, eher verborgene, so dass sich, schien es mir, eine prächtige Harmonie ergab.

Ich hätte sicher eine Stunde lang geschellt, wenn der Vater nicht gesagt hätte: «Komm jetzt, morgen ziehen wir ihn der Musra an.» Bis Zillis habe ich meinen Schatz selbst getragen, doch waren die Zilliser, so deutlich ich mich damit bemerkbar machte, daran nicht besonders interessiert, ausgenommen die Buben. Vor der Post war eine ganze Schar versammelt und machte Lärm. Doch als wir vorübergingen, waren sie ganz still und blickten uns staunend an. Potztausend, mit was für einem Stolz bin ich durch Zillis marschiert.

Auf der andern Seite der Rheinbrücke gab ich den ‹talatg› dem Vater. Ich war müde, todmüde. Was für ein weiter Weg bis nach Munsulegl hinauf! – Das ging wahrhaftig nicht von selber. Manchmal musste ich am Strassenrand absitzen, und der Vater hatte die grösste Mühe, mich zum Weitergehen zu bewegen. Es war dunkle Nacht, als wir zu Hause ankamen. Die Geschwister waren schon längst im Bett und schliefen.

Ich konnte den ‹talatg› gerade noch meiner Mutter zeigen, dann bin ich am Tisch eingeschlafen.

In dieser Nacht aber habe ich von meinem ‹talatg› geträumt. Bald sah ich die Musra mit ihm durch das Dorf gehen und mich selber voller Stolz hintendrein, dann hörte ich ihn von weitem, ja aus weiter Ferne, dann sah ich ihn zu meinem Schrecken auf einmal am Boden liegen, in den Schmutz getreten, ganz verdreckt. Da muss ich laut geweint haben, denn die Mutter hat mich geweckt und getröstet.

Am Morgen hängten wir ihn der Musra um, und alle, die ihn sahen und hörten, kamen aus den Staunen nicht heraus und sagten, was für ein besonderer ‹talatg› das sei.

Und der ‹talatg› bewährte sich. Weit, sehr weit herum konnte man ihn hören. Das mussten alle zugeben, sogar die unter meinen Kameraden, die selber ausgezeichnete ‹talatgs› besassen, und er hat von da an viele Jahre lang auf den Weiden und Alpen geklungen und seine Stimme im Chor der Herden hören lassen.

Heute klingt er nicht mehr. Er hängt in der oberen Kammer an einem Nagel. – Vater und Mutter ruhen von den Sorgen und Mühen dieser Welt. Die Geschwister sind fortgezogen, das Haus ist geschlossen. Ob eine braune Kuh eines Tages meinen ‹talatg› wieder auf den besonnten Weiden zum Klingen bringen wird?

---

1 ‹talatg› = eine flache, eckige Kuhschelle
2 la Bregna = die Braune
3 ô = Onkel; hier nicht wörtlich, sondern im Sinn von dörflich naher Bekanntschaft zu verstehen.
4 «Farloraloch» = «Verlorenes Loch»

Menga Dolf, «Ein Hut, eine Glocke und der Rucksack»

Der Ball von Munsulegl

Das kleine Dorf liegt hoch oben an einem Berghang, und sein grösster Reichtum ist die Sonne. Darum heisst es auch «Munsulegl»[1].

Als ich das erste Jahr in die Schule ging, haben die Burschen von Munsulegl beschlossen, einen Ball durchzuführen. Einen richtigen Ball hatte ich noch nicht erlebt, obwohl ich mir auf meine sieben Jahre nicht wenig einbildete. Hie und da gab es im Dorf ein Fest mit Tanz, eine Hochzeit zum Beispiel. Doch war das jeweils keine grosse Sache. Da spielte der Lehrer auf seiner Geige oder der Senn auf seiner Mundorgel, und es ging mehr darum, eine Melodie und einen Takt zu haben, damit man sich im Kreis drehen konnte.

Es war zur Zeit der Fasnacht, also mitten im Winter. Wir hatten viel Schnee und beissende Kälte. Es hatte ein paar Tage lang hintereinander geschneit, und die Männer mussten auf die Dächer der Häuser und Scheunen steigen, um den Schnee hinunterzuwerfen, damit sie nicht eingedrückt würden.

Als sich nach dem Schneefall die Wolken verzogen, kamen herrliche Tage, Sonnentage mit Mondschein in der Nacht. Begreiflich, dass sich in den Herzen der Jungen etwas zu regen begann.

Am Abend nach dem Melken trafen sich die Burschen jeweils für eine Weile in der Stube unserer Tante Freana, einer ledigen älteren Frau, die ein Ausschankrecht der Gemeinde besass, und spielten ‹treset› – ein Kartenspiel, das damals sehr beliebt war –, rauchten und sangen: «Questa sera vom jou buc a durmir...»[2] oder «Giuvens mats a mendars era...».[3] Und meistens machten sie auch, was sie sangen.

Gelegentlich schauten auch wir Buben zur Türe hinein und bewunderten die Burschen und ihr Gehaben. Doch eines Abends, als wir wieder einen Blick hineinwerfen wollten, war die Tür verschlossen, und sogar die Tante hatte die Stube verlassen müssen und war in unsere herübergekommen.

«Wer weiss, was die Kerli vorhaben», sagte sie. «Planen sie vielleicht einen Ball?»

«Zeit wärs, wieder einmal einen richtigen Ball durchzuführen», sagte die Mutter, die am Spinnrad sass.

Diese Worte, «ein richtiger Ball», liessen uns Luftsprünge machen, und die Mutter hatte Mühe, uns ins Bett zu bringen. Und kaum hatte sie uns untergebracht, gings draussen los mit Radau und Gejauchze und Gerumpel, als müsste das Dorf auf den Kopf gestellt werden.

Tags darauf wurde es bekannt: «Es gibt einen Ball – einen grossen!» Das ganze Dorf geriet in Bewegung. «Was sie wohl für einen Musikanten nehmen?» – «Sie versuchen, den Malarign zu bekommen.» – «Ja dann, wenn der kommt, dann gibt es auf alle Fälle etwas Rechtes.»

«Wer ist das, der Malarign?», fragten wir die Mutter und die Tante.

«Oh, das ist einer von draussen[4], doch eigentlich ist er von Zillis – ein kleiner Mann, der ausgezeichnet Handorgel spielt. Sie sagen ihm Malarign, weil er vom Geschlecht der Mallar ist. Er dürfte nicht mehr der Jüngste sein, denn er spielte schon auf, als wir noch tanzen gingen. Mehr als einmal haben wir nach seiner Musik getanzt. Denn damals gabs nicht nur alle zehn Jahre einen Ball. Was für fröhliche Bälle sind das gewesen!» Und in Gedanken daran leuchteten ihre Augen, und unsere leuchteten auch.

Wie gesagt, das ganze Dorf geriet in Bewegung. Sogar die Grossväter und Grossmütter fühlten sich wieder jung.

Besonders eifrig waren die Mädchen und die Mütter am Werk. ‹Petas fagaschas›[5], ‹uetgas›[6] und ‹mailenders› mussten gebacken werden, und das Ballkleid wurde hergerichtet. Doch wollen wir davon nicht lang berichten – hatten auch nicht viel mitbekommen –, aber man kann sich vorstellen, wie das zugegangen ist. Ich erinnere mich noch an die wunderbaren Gerüche, die uns Buben in die Nase stiegen, und wie uns das Wasser im Mund zusammenlief, und dass die Mutter des Giari, die es immer gut mit uns meinte, einmal jedem von uns ein Stück Kuchen zum Versuchen gegeben hat.

Die Burschen mussten für die ‹tatta›[7] besorgt sein. Wer das war, wussten wir zuerst nicht. Dann hat uns die Tante erklärt, dass das das Weinfass sei für den Ball, und hat uns eine Geschichte erzählt aus der Zeit, da sie selbst ein junges Mädchen gewesen ist – eine lustige Geschichte, die uns zum Lachen brachte, und wie!

Auch um den Saal mussten sich die Burschen kümmern. Der war in einem unbewohnten Haus, und es war gar nicht einfach, ihn zu bekommen. Der Besitzer befürchtete, dass der Boden einbrechen und in die untere Stube abstürzen könnte. Erst nach langem Bitten und Betteln gab er nach. Doch sei der Boden von unten zu stützen, sonst könnte sich ein schlimmes Unglück ereignen. Fünf Franken betrug die Miete; das war nicht viel.

Was die Schule betrifft, so ist zu sagen, dass wir in jener Woche nicht viel geleistet haben. Unsere Gedanken waren beim Ball. Doch hat der Lehrer deswegen kein Aufheben gemacht. Er wusste, dass bald alles wieder nach der Ordnung zugehen würde (wie es dann auch der Fall war) und wollte uns Buben und Mädchen aus dem Bergdorf die Freude am besonderen Ereignis nicht verderben. Schwieriger wars mit dem Pfarrer. Der wollte den Konfirmanden auf keinen Fall erlauben, beim Tanz zuzuschauen, nicht einmal von der Türe aus. Ich sehe noch heute die Tränen unserer Netta. Aber zum Glück wohnte der Pfarrer in Zillis unten, und die Konfirmanden sind, wie ich mich erinnere, doch am Ball gewesen, und niemand hat es ihm verraten.

Und der Musikant? Was für eine Antwort hat der gegeben? Aber sicher, gern komme er wieder einmal zu denen von Munsulegl herauf. So lustige und kurzweilige Bälle gebe es sonst nirgends. Das seien ganz spezielle Leute, die dort oben wohnten, ganz besonders freundliche und heitere. – Was er für das Spielen verlange? Zwanzig Franken, das sei genug.

Somit war alles in Ordnung. Am Samstag wurden noch die Mädchen durch das Los zugeteilt und zur Einladung freigegeben. Wie das genau zuging, weiss ich nicht. Der eine oder andere musste wohl eine nehmen, die ihm nur halb gefiel. Doch war das nicht weiter schlimm, so wars der Brauch, und wer sich wirklich gern hatte, fand sich dann ohne weiteres im Saal.

Am Samstag Abend haben wir Buben bis zum ‹Ava Mareia› nach dem Musikanten Ausschau gehalten, doch wollte der Gesell einfach nicht kommen, bevor wir nach Hause gehen mussten.[8]

Natürlich hatten wir auch in der Stube keine Ruhe. Wir lauschten auf jedes kleinste Geräusch, auf jedes Knirschen draussen auf der Strasse im Schnee. Es gelang der Mutter fast nicht, uns im Zaum zu halten.

Dann kam der Vater aus dem Stall herauf – er hatte gerade gemolken – und sagte: «Drüben sind sie am Tanzen.»

Wir – auf und davon... Ja, drüben wars hell im Saal – man hörte die jubelnden Klänge einer Handorgel und sah Schatten, die an den Fenstern vorüberflogen. Hinein ins Haus und hinauf in den Saal. Was für ein Gedränge im Hausflur, man kam fast nicht hindurch. Aber irgendwie gelang es uns doch, über die Treppe hinaufzukommen und uns bis zur Saaltüre vorzudrängen. Sie hatten gerade einen Tanz abgeschlossen und gingen im Kreis herum, jeweils ein Bursche und ein Mädchen, paarweise, plaudernd und lachend. Potztausend, wie die Mädchen herausgeputzt waren, man war fast geblendet. Aber auch die Burschen durften sich sehen lassen. Einigen war so warm geworden, dass sie die Jacken ausgezogen hatten und in ihren weissen Hemden in Hemdärmeln tanzten.

Doch wo ist der Musikant? – Irgendwie schleichen wir durch die Türe in den Saal hinein – da schau, in der Ecke hinter der Türe ein Tisch, auf dem Tisch ein Stuhl und auf dem Stuhl sitzt ein kleiner Mann, der mit lebhaften Augen auf die Gesellschaft herunterschaut. Er hat die Beine übereinander geschlagen, und darauf liegt eine gewaltige Handorgel. Ein breiter Gurt führt über seine Achsel und über seinen Rücken hinunter zurück zur Orgel. Begreiflich, dass ein Männlein wie dieses ein derartiges Instrument nicht nur mit den Armen festhalten kann. Es gelingt mir, ganz nah an den Musikanten heranzukommen. Da, auf einmal, zieht er die Orgel auseinander, hinunter zu mir, und es erklingt ein Akkord – so laut, dass ich fast umfalle. Dann lässt er die Finger über die Tasten springen, dass es jauchzt und jubiliert. Die Burschen stampfen auf und stossen Jauchzer aus, und ein Moment lang herrscht ein Durcheinander im Saal, dass einem fast schwindlig wird. Wie dieser kleine Mann spielen kann! Fast nicht zu glauben, wie seine Finger auf den Tasten herumspringen. Dieser Malarign scheint ein regelrechter Zauberer zu sein. – Was waren neben dieser Handorgel die Geige des Schulmeisters und die Mundharmonika des Sennen! Nichts, weniger als nichts – allerdings kannte ich damals die feineren Geheimnisse der Geige noch nicht! Doch bleibt wahr: Die Handorgel höre ich auch heute noch gern, und Schuld daran trägt der Malarign – dieser kleine Mann, der ein so grossartiger Handorgelspieler war.

Das war ein Leben! Heiter, ja übermütig gings zu, und ein Tanz nach dem andern jauchzte aus der Handorgel hervor, einer schöner als der andere. Auf den Bänken ringsherum und auf den Fenstersimsen sassen die Kinder mit ihren Müttern und Grossmüttern, die die Kleinsten auf dem Arm trugen. Nach und nach zeigten sich unter der Türe auch fremde Gesichter, Burschen aus andern Dörfern, die es, so schien es, nicht wagten, zum Tanzen hereinzukommen. Doch wussten unsere Burschen, was von alters her Brauch ist; sie gingen auf sie zu und luden sie ein, mit unsern Mädchen zu tanzen, und bald herrschte ein Hochbetrieb, dass man die Eigenen nicht mehr von den Fremden unterscheiden konnte.

Dass nicht alle Burschen gute Tänzer waren, merkten sogar wir Buben. Arme Mädchen, die sich von diesen Gesellen, die keine Ahnung vom Tanzen hatten, hin- und herreissen lassen mussten. Ja, es kam vor, dass einer seiner Tänzerin zu allem hin mit seinen grossen Schuhen auf die Füsse trat. Zwar entschuldigte er sich: «Ohalätz. Entschuldigt! Hats weh getan?», und das Mädchen musste Geduld haben, die Zähne zusammenbeissen und sagen: «Nein, nein», doch hätte sie ihn am liebsten weggestossen. Nur hie und da hatte eine den Mut zu sagen: «Ja, das tut nicht gut; pass doch auf, wo du hintrampelst, du...» Und Burschen, die mit dem Stumpen im Mund tanzten, gabs auch bei uns, nicht nur im Unterengadin. Aber das war nun wirklich kein Anstand.

Neben diesen sah man aber auch solche, die wunderbar tanzten, die sich drehten wie der Wirbelwind. Dass ihnen dabei nicht schwindlig wurde, war fast nicht zu begreifen.

Unterdessen hatten sie dem Musikanten Wein gebracht. So unermüdlich zu spielen musste ja durstig machen; begreiflich, dass er auch die Jacke ausgezogen hatte.

Vielleicht hatte ihn der Wein in Schwung gebracht – doch glaube ich das kaum, er war von Natur aus fröhlich, hatte ein heiteres Herz – denn auf einmal hörte man ihn nicht nur spielen, sondern auch singen:

«Bùna sera da satember,
tgi ca vut rasdif po prender...»[9]

Dann ein Jauchzer, wie nur einer jauchzen kann, der Übung hat. Es ging wie geschmiert. Alle tanzten wie närrisch, und wir Buben wippten im Takt mit den Füssen.

Dann wurde es langsam wieder stiller. Nur hie und da ein Bursche, der aufstampfte. Dann auf einmal hörte man eine Stimme, die, vom Lied des Malarign geweckt, zu singen begann:

«Cor, partgei eis aschi trist,
gi, partgei battas schi vess?»[10]

Und von einem Moment zum andern hatten wir den schönsten gemischten Chor. Und sie sangen wirklich gut, mit klaren, klangvollen Stimmen, die von Herzen kamen. Auch die Mütter, ja sogar die Grossmütter halfen mit. Eine Harmonie der Klänge und der Herzen! Noch viele schöne Lieder haben sie gesungen in dieser Nacht. Selten hört man heute an einem Ball singen. Wer weiss, ob sich das noch einmal ändert?

Sapperlot, jetzt hätte ich fast die Väter und Grossväter vergessen. Nein, sie sind nicht zu Hause geblieben, gewiss nicht. Der eine oder andere war bis zur Saaltüre gekommen und hatte hereingeschaut, der eine oder andere schwang sogar das Tanzbein. Doch die meisten sassen drunten in der inneren Stube, wo der Tumaschet als Wirt wirkte. Tumaschet war ein kleiner Mann, der in der Fremde gewesen war und wusste, was sich gehört. Er war in der Lage, das Geld zu zählen und richtig herauszugeben. Er verkaufte den Wein aus der schier unerschöpflichen ‹tatta› (der für die Jungmannschaft natürlich gratis war).

Es versteht sich, dass wir Buben – diese Lauser, die überall die Nase zuvorderst haben müssen – auch in die Wirtsstube hineinschauten. Zuerst, als wir die Tür öffneten, schlug es uns fast zurück. Rauchwolken und grosses Palaver! Dennoch sind wir hineingegangen. Sie spielten ‹treset› und hämmerten mit den Fäusten auf den Tisch. Was für ein lustiges Spiel – jedenfalls für die Zuschauer. «Herzass», rief einer, ein anderer hatte Schaufeln, einer klopfte auf den Tisch und legte Kreuze hin, und wieder einer reklamierte und schimpfte mit seinem Nachbarn. Kurz und gut, es ging zu wie an der Börse von Paris, wo einem, wie es heisst, vor Lärm auch Hören und Sehen vergeht.

Ein Alter sass am Ofen. Er hatte die Zipfelkappe an, die erloschene Pfeife im Mund und hielt ein Glas Wein in beiden Händen, um es zu wärmen. «Zu kalt! Dein Wein ist zu kalt, Tumaschet.»

«So gib her. Ich stells ein wenig in den Ofen.»

Ein anderer, noch älterer, wollte seinen Schoppen bezahlen, doch hatte er Mühe, die Geldstücke aus dem Beutel zu klauben, obwohl er ganz voll war. An einem kleinen Tisch hatten sich ein paar Burschen von auswärts niedergelassen. Sie bestellten einen halben Liter, stiessen an und begannen zu singen:

«Sch'ànc tàntas flurs igl matg purschess,
a mei fuss quei tuttina;
mo ina ei c'a mi plaschess:
la beala flur alpina.» [11]

Und eine grosse Zahl anderer Lieder folgten. Wir Buben hörten zu als seis Himmelsmusik.

Wir stiegen wieder in den Saal hinauf. Da gings nach wie vor hoch her und zu, wurde georgelt, gehüpft und getanzt, eifriger als zuvor. Und schau da! Auf den Tisch des Musikanten hatten sie noch einen Stuhl hinaufgestellt, und auf dem Stuhl sass die Nonna, eine ältere Ledige. In der linken Hand hielt sie einen Triangel und in der rechten einen Nagel oder etwas Ähnliches, und damit schlug sie den Takt zu den Tänzen des Malarign, tin, tin, clin-clan… Was für ein Spektakel!

Der Musikant spielte unermüdlich, mit immer neuem Schwung. Hie und da sprang er, ohne das Spielen zu unterbrechen, auf den Tanzboden herab, ergriff ein Mädchen, das tanzlustigen Burschen «Körbe» erteilt hatte, und tanzte mit ihr und orgelte dazu. Alle lachten! Soll einer kommen und das nachmachen!

Gegen halb elf Uhr wurden drei Tänze für die Kinder ausgerufen! Ich tanzte mit meinem Freund Giari und weiss nur noch, dass uns der Schwindel packte und dass wir mitten auf dem Tanzboden hinstürzten, wie viele andere auch. Doch sind wir wieder aufgestanden, als wäre nichts gewesen, und haben uns drei Tänze lang herumgezerrt. Dann mussten wir, ob gern oder ungern, nach Hause gehen. Wie wir zu Hause ins Bett gekommen sind, weiss ich nicht mehr, doch daran erinnere ich mich: die Stube, die Schlafkammer und das Bett – alles drehte sich im Kreis und tanzte weiter vor meinen Augen, und in meinem Traum erklang noch einmal die Handorgel des Malarign.

Jedenfalls war das ein Abend, den ich nicht mehr vergessen werde.

Ich könnte jetzt aufhören, doch will ich jetzt gleich alles bis zum Schluss erzählen. Nicht nur die ganze Nacht haben die Jungen von Munsulegl getanzt, nein, am Morgen, als wir aufwachten, sagte die Mutter: «Sie tanzen immer noch» – was uns aufspringen und sogleich, ohne uns um das Frühstück zu kümmern, hinüber stürmen liess, um nochmals beim Ball zuzuschauen. Jetzt gabs mehr Platz; nur noch die Unsern waren da, die von auswärts waren heimgegangen, jedenfalls die meisten. Es gibt ja immer solche, die nie nach Hause gehen.

Sogar die Langweiler, die am Abend nicht getanzt hatten, drehten sich jetzt im Kreis, und die Mädchen mussten sich um ihre Füsschen keine Sorgen mehr machen. Es gab solche, die tanzten halb im Schlaf, doch von Aufhören war keine

Rede. Bis um elf Uhr am Mittag haben sie ausgehalten. Zwar hatte der Musikant schon um acht Uhr erklärt, dass er jetzt nicht mehr spiele, keinen einzigen Tanz mehr, doch immer wieder bestürmten ihn die Burschen mit ihren Zurufen «Bravo music!» und konnten ihm drei weitere Tänze abbetteln, dann nochmals drei...

Aber um elf Uhr war dann wirklich Schluss. Der Malarign gab sich einen Ruck; er sprang vom Tisch, zog die Jacke an, setzte den Hut auf und verliess den Saal und ging Handorgel spielend ins Freie – die Jungmannschaft mit Jauchzern hintendrein, und auch die Mädchen waren vergnügt.

So zogen sie durch das Dort hinauf, der Musikant zuvorderst, bis ans Dorfende. Ich sehe noch die Tante Eva auf der Treppe ihres Hauses stehen und herunterschauen und den Kopf schütteln: «‹Mo, mo, mo...›»

Dann war es aus. Alle gingen nach Hause, tranken Kaffee und legten sich zu Bett, auch der Malarign.

Ich habe ihn später nicht mehr gesehen. Erst als ich herangewachsen war, hörte ich jemanden sagen, dass der Malarign gestorben sei.

Doch ist er bei uns noch nicht vergessen.

---

1 Munsulegl = «Sonnenberg»

2 «Heute Abend gehe ich nicht schlafen...»

3 «Giuvens mats» und «mendars era» sind zwei Ausdrücke, die die Burschen des Dorfes bezeichnen; zu ihren nächtlichen Unternehmungen gehört nach dem ersten Lied der Hengert-Besuch bei der Liebsten, nach dem zweiten die Erzeugung von Lärm.

4 einer von draussen = einer, der auf der andern Seite der Viamala wohnt

5 petas fagaschas = Hefekuchen

6 uetgas = kleine Birnbrote mit Weinbeeren

7 ‹tatta› = ‹Grossmutter›

8 ‹Ava Mareia› = Eine alte Bezeichnung für das Abendläuten, die sich in der Sutselva bis in die Anfänge des letzten Jahrhunderts erhalten hat. Damals durften sich die Kinder nach dem Ava Mareia-Läuten nicht mehr im Freien aufhalten.

9 «Guten Abend im September, / wer Emd will, kanns jetzt holen…»

10 «Mein Herz, warum bist du so traurig, / sag, warum schlägst du so wild?»

11 «Mag der Mai noch so viele Blumen zum Blühen bringen, / mich kümmerts nicht; / nur eine ists, die mir gefällt: / das schöne Edelweiss.»

Ein Sack Mehl

Ich will euch erzählen, wie ich mit dem Cloet nach Zillis hinunterging, um einen Sack Mehl zu holen.

Ich war ein Bub von neun oder zehn Jahren. Es war in den letzten Februartagen, und wir spürten bereits den Frühling. Doch mussten wir natürlich in die Schule gehen – um Deutsch zu lernen, als ob unsere Seligkeit davon abhinge –, und dies bei schönstem Wetter! Bereits war der Schnee an den Hängen unterhalb des Dorfes weggeschmolzen, und im Tal unten begann es zu grünen. Wie gern hätten wir einen Ausflug gemacht, wenigstens an einem Nachmittag. Mehr als einmal hatten wir das auch unserem Lehrer zu verstehen gegeben, doch fanden wir bei ihm, der (wie wir jedenfalls glaubten) sonst so gescheit war, kein Verständnis. Nur mir, der ich schon immer ein Glückspilz war, sollte es gelingen, einen Tag der Schulstube zu entkommen – einen ganzen Tag lang! Und das kam so:

Eines Abends – wir sassen in der Stube, wir Kinder am Tisch über den Hausaufgaben –, da hörten wir jemanden die Treppe heraufkommen.

«Macht die Tür auf, es kommt jemand», sagte der Vater, der auf der Ofenbank sass und fast eingeschlafen war.

Die Mutter öffnete und Cloet kam herein.

«Einen guten Abend allerseits. – Ihr habts streng, sehe ich. Doch so ists recht. Lernt nur recht, dann werdet ihr weiter kommen als unsereins, die wir kaum lesen und schreiben gelernt haben.»

«‹Bùna sera›, willkommen bei uns», antwortete die Mutter und gab ihm die Hand, wie es bei uns der Brauch war.

«Setz dich da neben mich», sagte der Vater und rückte etwas zur Seite, und Cloet setzte sich neben ihn auf die Ofenbank.

«Um was gehts?»

«‹Ai›, ich sollte morgen nach Zillis hinunter, um einen Sack Mehl zu holen. Aber diese verflixten Kühe werden wahrscheinlich nicht laufen, wie sie sollten. Sie waren noch nie zusammen eingespannt, und ich sollte jemanden haben, der sie antreibt. Könntest du mir nicht deinen Ältesten mitgeben, den Tumasch?»

«Warum nicht? Von mir aus gern, wenn er in der Schule frei bekommt.»

Sapperlot, das war Musik für meine Ohren. Nach Zillis hinunter statt in die Schule gehen!

«Geh hinüber ins Schulhaus und frag den Lehrer, ob du morgen den Cloet nach Zillis begleiten kannst.»

Es war dunkle Nacht; keinen Schritt hätte ich mich sonst aus dem Haus gewagt, aber an diesem Abend fürchtete ich mich nicht und fand den Weg wie am helllichten Tag, und auch der Lehrer gab die Erlaubnis, ohne dass ich zweimal fragen musste.

Und wie das so ist, wenn Kinder etwas Freudiges erwartet, so wars mit mir. Die ganze Nacht habe ich von der Reise nach Zillis geträumt. Im Gedächtnis ist mir geblieben, dass die beiden Tiere auf dem Heimweg in Grosch, wo die Strasse über den Felsen führt, aus irgendeinem Grund zu scheuen begannen und dass der Karren umkippte… Ich erwachte mit Schreien und Rufen. Die Mutter brauchte eine ganze Weile, um mich zu beruhigen, bis ich wieder eingeschlafen war.

Natürlich war ich am Morgen früh auf. Meine armen Geschwister mussten um acht Uhr ihre Schulsäcke nehmen und in die Schule gehen. Ich aber stellte mich unterhalb des Hauses auf die Strasse, die Hände in den Taschen, und hörte zu, wie es in die Schule läutete. Ich glaube, noch nie hat unsere kleine Glocke so heiter geläutet, so voller Freude. Und nicht ohne Hochmut liess ich den Kameraden, der im Kirchturm die Glocke gezogen hatte und mich mit Erstaunen dastehen sah, vorübergehen und tat, als sähe ich ihn nicht.

«Hast wieder einmal mehr Glück als andere Leute!»

«Sei still, du! Du bist im letzten Herbst auch in Valoja gewesen, als man das Vieh nach Hause geholt hat.»

Dann ging ich zum Cloet hinüber. Vor dem Haus stand der zweirädrige Karren mit dem Gatter – mit dem vierrädrigen Wagen konnte man damals noch nicht nach Zillis hinunterfahren, die Strassen waren allzu schlecht. Ich ging ins Haus hinein und rief so laut ich konnte: «‹Holla!›»

«Bist dus, Bub? Ich komm gleich», antwortete Cloet durch den Flur herunter.

Und schon stampfte er im Sonntagsgewand die Treppe herab, die Tonpfeife im Mund und eine leere Petrolkanne in der Hand.

«Nimm, die kannst du tragen.»

Dann haben wir eingespannt: eine kleine gelbliche Kuh und ein graues Rind, beide so mager, dass man alle Rippen sehen konnte. Doch war das damals nichts Aussergewöhnliches.

«Pass mir auf den Buben auf und bummle da unten nicht zuviel herum», rief Onna, Cloets Frau, noch aus dem Fenster.

«Jetzt schweig endlich und verschwinde; er ist wohl gross genug und kann die Augen offen halten.»

Cloet gab mir einen Stock und sagte: «So Bub, jetzt treib die Viecher an. Und wenn sie nicht gehen wollen, nimmst den Stock; sie haben es gut genug gehabt bis jetzt.»

«So ists», hörte ich den Tiani sagen, der ein wenig weiter oben auf der Strasse stand und zuschaute, wie wir einspannten und uns auf den Weg machten.

Langsam gings nun neben der Kirche auf dem steilen Pfad, der heute eingewachsen ist, den Ualet hinab, dann weiter bei der alten Kirche hinunter, auf dem miserablen, steilen und steinigen Weg. Man kann es heute kaum noch glauben, dass man ihn früher gebraucht hat – hinunter gings noch, aber aufwärts! Arme Zugtiere! Das war eine mörderische Schinderei: reissen und schleppen mit allen Kräften, und erst noch den Stock zu spüren bekommen.

Gegen zehn Uhr sind wir im Tal unten angekommen und neben dem Schinderhaus hinunter und über die Rheinbrücke hinübergegangen. Was für eine armselige Brücke! Sie schwankte wie ein Gattertor, und zwischen den Brettern sah man ins schäumende Wasser hinab. Mit Furcht und Zittern ging ich hinüber, hinter Cloet und seinem Gespann.

«Auch da unten?», fragte der Schmied Riethuser, der im Eingang seiner Schmiede stand, in der einen Hand den Hammer, in der andern an einer Zange einen eisernen Radreifen.

Die beiden Männer redeten ein Weilchen miteinander, dann gingen wir quer über ‹Islas›[1] weiter. Auf einmal blieb Cloet stehen, zeigte zur Kirche hinauf und sagte zu mir: «Schau dort oben, der riesige Mann, der neben der Kirchentür an die Wand gemalt ist. Das ist Christophorus. Kennst du seinen Spruch?»

Sogn Christoffal grànd a gross
ca porta la baselgia sen cadoss.[2]

«Hört nur, den aufgeweckten Kerli! Wirst noch ein gescheiter Mann!» Und jetzt ging Cloet ins Dorf hinauf und weiter zum Peadar da Razen[3]. Das war ein alter Fuhrmann, der eine kleine Wirtschaft führte und das Mehldepot einer Firma in Thusis verwaltete. Cloet spannte aus und lud mit Peadars Hilfe einen Sack Mehl auf, ein schweres Ding. Dann führte er die Tiere in Peadars Stall und ging zur Catrina hinüber, um Petroleum und ein paar andere Sachen zu kaufen, für mich eine Fünfer-Schokolade.

«Jetzt gehen wir zu Peadar und trinken eins», sagte er, als wir zurückkehrten. Wir traten ein und setzten uns an den Tisch.

«Mir gibst du ein Glas Schnaps, und wenn du etwas für den Buben hast, so brings.»

Cloet bekam den Schnaps, und auch mir brachte der Peadar mit seinem langen Bart etwas zu trinken, etwas Süsses, leicht Prickelndes, das wunderbar schmeckte. ‹Ai›, mit welcher Lust habe ich es getrunken. Auch Cloet trank natürlich mit Lust, und der Wirt leistete ihm Gesellschaft. Was sie geredet haben, weiss ich nicht mehr. Wahrscheinlich hat Peadar von seinen Reisen erzählt, so wie er Jahre später mir davon erzählt hat, als ich in Zillis unten wohnte und ihm immer mit grösster Freude zuhörte. – Unterdessen aber war mir mein Getränk in den Kopf gestiegen und hatte mich ganz schwindlig gemacht. Ich ging hinaus zum Brunnen, um Wasser zu trinken, und das tat gut, mir wurde wieder besser.

«Wo kommst denn du her?», fragten die Leute, von allen Seiten. «Wem gehörst du? ... So, so. Und gefällts dir da unten?»

«Ja, ja.»

Doch hätte ich nicht sagen können, dass mir alles gefiel. Vor allem hatte mir nicht gefallen, dass die Sonne erst gegen Mittag zum Vorschein kam. Bei uns droben war das ganz anders: heller Sonnenschein den ganzen Tag; keine Felsbrocken, die einem im Nacken sassen. Um keinen Preis hätte ich mein kleines Bergdorf umgetauscht, auch nicht gegen ganz Zillis.

Ich wartete und hoffte, dass Cloet herauskommen würde, doch umsonst. Ich ging wieder hinein. Er sass immer noch am Tisch, vor sich ein volles Schnapsglas, und schwatzte – viel mehr und ganz anders als sonst, ganz sonderbar, und seine Augen hatten einen seltsamen Glanz. Es begann mich im Hals zu würgen, und die Tränen standen mir zuvorderst. Da kam zum Glück die Wirtin und gab mir ein grosses Stück Brot und ein Stück Wurst. Zu trinken wollte ich nichts mehr. Endlich, es hatte eben in die Schule geläutet, stand Cloet auf, nicht ohne Mühe. Er hatte, wie man so sagt, schwer geladen und war unsicher auf den Beinen.

Mit Peadars Hilfe gelang es uns einzuspannen, und nicht ohne Herzklopfen sah ich userm Heimweg entgegen. Dann gingen wir mit unserer Fuhre durchs Dorf hinunter. Einen Alten, der auf der Bank vor seinem Haus sass, hörte ich sagen: «‹Mo, mo› – wenn das nur gut geht. Führ sie, wie sichs gehört, Clo.»

Aber der hörte nichts und ging mit unsicheren Schritten weiter, wobei er sich an der Deichsel festhielt. Wir kamen zum Rhein hinunter, gingen über die Brücke und auf der andern Seite über Pardaglias hinauf. Jedes Mal wenn die Tiere einen Ruck machten, rissen sie ihren Fuhrmann fast zu Boden. Doch mich hätte er nicht führen lassen, um keinen Preis.

«Mach, dass sie gehen, mein Buebli», lallte er mit schwerer Zunge. «He da, du Luder. Vorwärts jetzt. So ists recht.»

Von Donat an wurde es steil, sehr steil. Über dem Dorf blieben wir in einer Querrinne stehen und liessen die geplagten Tiere ausruhen. Cloet setzte sich an den Strassenrand, nickte ein und schlief, bis mir schliesslich die Geduld verging.

«Clo. Wir müssen gehen. He, wir müssen gehen!»

«Ja, ja, mein Buebli.»

Endlich stand er auf. Er nahm den Zugnagel aus der Deichsel, um ihn zurückzusetzen. Aber statt den Nagel durch die Jochschlaufe zu stecken, steckte er ihn dahinter ein. Im ersten Moment merkte ich nichts. Erst als die Tiere anzogen, sah ich, dass die Deichsel aus der Schlaufe rutschte und zu Boden fiel, und das Gespann ohne die Fuhre weiterging.

«He, Clo, Ihr habt nicht ordentlich zurückgesetzt, der Karren kommt nicht mehr mit.»

«Vorwärts jetzt, Buebli, treib sie an!»

«Aber der Karren bleibt zurück!»

«Schweig und mach, dass sie gehen. Hü jetzt, ihr Verflixten!»

«So hört doch, der Karren ist stehen geblieben.»

«Schweig jetzt, verstanden, und gibs ihnen!»

Mir kamen die Tränen, aber ich wagte nichts mehr zu sagen und trieb die Tiere an. Bis Farden ging es so ohne Fuhre. Dann, zuoberst im Dorf beim Brunnen, machten wir eine Pause. Clo trank und auch die Tiere tranken. Da öffnete sich im Haus nebenan die Türe und onda Cristina[4] erschien.

«Wo kommt denn ihr her?»

«Von Zillis, woher denn sonst? Mit Mehl …»

«Ja, so. Wo ists denn, das Mehl?»

Cloet, den das Wasser erfrischt und wieder nüchtern gemacht hatte, schaute sich mit grossen Augen um.

«Was ...? – Was sagst du da? Wo ist denn die Fuhre, Bub?»

«Drunten, über Donat», antwortete ich, und die Tränen rollten mir über die Backen.

«Ja, warum sagtest du nichts, verflixt nochmals ...!»

«Ich habs doch gesagt, aber Ihr habt nicht zugehört.»

Clo sah ein, dass er eine Dummheit gemacht hatte, drehte das Gespann und ging wieder hinunter, und ich folgte ihm, gern oder ungern. Was onda Cristina sich dabei dachte, kann man sich vorstellen.

Die Fuhre war noch dort, im Quergraben über Donat, so wie wir sie zurückgelassen hatten. Und dieses Mal hat Clo ordentlich eingespannt, und so kamen wir ohne Schwierigkeiten nach Hause. Ich solle niemandem sagen, wie es gegangen sei, bat er mich noch, bevor uns in Sutgea, unterhalb des Dorfes, Onna empfing.

«Kommt ihr endlich? Lang genug habt ihr gebraucht – nach Zillis hinunter und zurück!»

Solange ich dabei war, hat sie nichts mehr gesagt. Aber ihre Miene liess nichts Gutes ahnen und wahrscheinlich hat sie Cloet noch gehörig den Kopf gewaschen. Was mich betrifft, so habe ich Wort gehalten und niemandem etwas von dem Ereignis erzählt, bis heute. Ob onda Cristina jemandem etwas gesagt hat, weiss ich nicht.

Und Cloet war froh und dankbar dafür, und ich stand seither in seiner besonderen Gunst.

1 islas = die Auen unterhalb des Dorfes
2 «Der heilige Christophorus, gross und stark,
   der die Kirche auf dem Rücken trägt.»
3 da Razen = von Rhäzüns
4 onda = Tante; hier nicht wörtlich, sondern im Sinn von dörflich naher
   Bekanntschaft zu verstehen.

Ein Winter mit meinem Vater
in Calantgil

Es sind jetzt vier Jahrzehnte her, dass ich mit meinem Vater einen Winter in Calantgil[1] verbrachte, und von diesem Winter möchte ich erzählen und will gleich damit beginnen:

Mein Vater war Lehrer, ein Schulmeister vom alten Schlag. Mit 26 Jahren war er in Chur in die erste Klasse des Seminars eingetreten, und das hatte seinen Grund. Im Winter zuvor hatte er in Farden Schule gegeben (damals war das noch ohne Patent möglich), als eines Tages der Inspektor Cagiari in der Schulstube erschien. Er habe zugehört und gesehen, wie es zuging, erzählte der Vater, und habe schliesslich die Bemerkung gemacht: «Aus dir könnte noch ein ordentliches Schulmeisterlein werden; müsstest nach Chur in die Schule gehen.» Das sei für ihn der Anstoss zu dem Entschluss gewesen, den er dann im Herbst darauf ausführte.

Ohne Stipendium ging das allerdings nicht, und um ein solches zu bekommen, hätte die Gemeinde Bürgschaft leisten sollen, doch wollte sie davon nichts wissen. Deshalb entschloss er sich, den Onkel Clo in Vargistagn[2] aufzusuchen. Er fand ihn auf dem Ofen, die Pfeife rauchend und brachte sein Anliegen vor. Als dieser alles vernommen hatte, sprang er mit einem Satz herunter.

«So ist das! Die wollen keine Bürgschaft leisten! Dann bin eben ich dein Bürge, und du gehst in die Schule! Das wäre noch schöner, wenn das nicht möglich wäre.»

So kam mein Vater nach Chur ans Seminar, und Onkel Clo sollte keinen Rappen verlieren, denn der Vater erwarb sein Schulmeisterpatent nach fünfjähriger Ausbildung mit Auszeichnung. Ein bisschen Schulmeisterblut musste er ja auch haben, denn nicht nur sein Vater, auch schon sein Grossvater hatten Schule gegeben.

Von diesen Churer Jahren erzählte er immer mit besonderer Freude. «Stellt euch vor! Ich wie ein Grossvater unter lauter Jungen! Doch die Professoren waren alle sehr freundlich zu mir. Manchmal wars nicht so einfach, aber ich habe durchgehalten und bin 1880 mit dem Patent in der Tasche heimgekommen.»

Während mehr als dreissig Jahren hat er dann in verschiedenen Dörfern und Tälern des Kantons Schule gegeben, sogar im Prättigau und im Schanfigg; in unserem Dorf nur sieben Jahre, und diese sieben Jahre bin ich bei ihm in die Schule gegangen, als Einziger in meiner Klasse. Wir waren eben eine Zeit lang nur sieben Schüler, vier Kinder des Lehrers und drei andere. Was für schöne Jahre sind das gewesen!

Die meisten Winter war der Vater also fort von zu Hause, und die ganze Arbeit daheim lastete auf meiner Mutter. Zum Glück war sie eine grosse und kräftige Frau. Da waren die paar Tiere zu füttern, war Mist zu zetten, Holz zu führen und all das zu tun, was zur Winterarbeit des Bauern gehört. Und daneben noch der ganze Haushalt! Aber sie beklagte sich nie. Ihre glückliche Natur half ihr, immer wieder neu anzupacken und alles zu meistern.

Im Jahre 1899 wurde mein Vater in Calantgil als Lehrer gewählt, nach einem kleinen Zwist mit denen von Munsulegl. Es war wenige Tage vor der Abreise, an einem Abend, da sagte er: «Dieses Jahr nehme ich den Tumasch mit; er ist jetzt zehn Jahre alt, und für mich wäre es eine grosse Hilfe, wenn ich nicht allein sein müsste» – was den Widerspruch der Mutter weckte. Doch sollte sie sich schliesslich fügen.

So mussten wir uns jetzt also für die Abreise rüsten. Die Bücher und die Kleider wurden in einen riesigen Koffer aus rohem Tannenholz gepackt, den wir dann auf dem Zweiräderkarren nach Zillis zur Post hinunterbrachten. Denn Padrett, der Briefträger, der damals zu uns heraufkam, konnte solche Lasten natürlich nicht hinuntertragen.

Ich sehe noch, wie wir dann an einem schönen Oktobermorgen aufgebrochen sind, der Vater mit einem Bündel auf dem Rücken und ich mit dem Geigenkasten unter dem Arm. Wir wurden von der Mutter bis Sutgea begleitet, wo wir uns verabschiedeten. Sie weinte sehr, was ich nicht begreifen konnte, denn ich freute mich, in die Fremde zu gehen – in eine Welt der tausend Wunder! Von Sutgea aus schaute sie uns nach, bis wir vom Fahrsträsschen in den Fussweg abbogen.

Die Wanderung bis nach Andeer brauche ich euch nicht zu beschreiben. Als wir dort die gedeckte Brücke überschritten, sagte der Vater: «Jetzt gehen wir zuerst zur Calondra hinauf und kaufen ein, was wir brauchen.» Wir überquerten also die Tràntar Flema-Wiese und kamen am Schulhaus vorbei, wo sich ein Fenster öffnete und ein Schulmeister herausschaute und rief: «He, ihr beiden, wo gehts denn hin?»

«‹Mo›. Nach Calantgil.»

«Ja dann. Dann gebt euch Mühe, mit dieser Gesellschaft auszukommen.»

«Die wird auch nicht schlimmer sein als anderswo.»

Das war der Manni, ein ehemaliger Klassenkollege meines Vaters. Sie redeten noch eine Weile, dann gingen wir weiter, zur Calondra hinauf. Diese, eine kleine rundliche Alte mit einer roten Nase, empfing uns überaus freundlich: «Ja, guten Tag, Banadetg. Wohin denn des Wegs mit dem Buben?», und der Vater stand wiederum Rede und Antwort.

«So so. Aber das ist recht weit dort hinein; das liegt ja fast am Ende der Welt.»

«Macht nichts. Und damit mir die Zeit nicht zu lang wird, nehme ich den Buben mit. – Und jetzt wollte ich fragen, ob Ihr mir Ware geben könnt, und das auf Kredit bis im Frühling. Dann werde ich bezahlen, wenn die Schule zu Ende ist und ich zurückkomme.»

«Aber sicher. Was braucht ihr denn?»

Er nahm Weissmehl, Maismehl, Fett, Kaffee, Zucker und eine Rolle Tabak von acht Pfund. Denn mein Vater, müsst ihr wissen, war ein grosser Raucher. Ständig hatte er die Pfeife im Mund. Ja, er war im Stande, mitten in der Nacht aufzustehen, eine Pfeife zu rauchen und dann wieder ins Bett zu gehen.

Die Ware werde sie uns mit dem Fuhrmann hineinschicken, versprach die Calondra. Und so gingen wir denn weiter und durchschritten den Ort, der mir damals wie eine Stadt vorkam, und die Leute folgten den beiden seltsamen Wanderern mit den Blicken, einem kleinen Mann mit einem Bündel unter dem Arm und einem Haselstock in der Hand, und einem Buben, der eine Geige trug. Und nicht ohne Stolz trug ich sie! Wenn ihr wüsstet, was für einen Schatz ich da in meinem Kasten habe, dachte ich. Ich werde sie auch noch spielen lernen – und werde eines Tages spielen, dass ihr euch wundern werdet.

Die neue Welt begann für mich, als wir gegen Balamburtg[3] hinaufzogen. Auf einer so breiten Strasse zu gehen, war ein Vergnügen für mich. Und wenn man sich umdrehte, sah man die ganze «Stadt», Andeer mit der Kirche auf dem Hügel, und auf der linken Seite den Rhein, der mit seinen klaren Wellen unter der gedeckten Brücke hindurchzog. Und vom Schamserberg herab grüssten die Dörfer mit ihren Kirchtürmen und -türmchen im milden Herbstsonnenschein.

Doch Balamburtg hatte ich mir etwas anders vorgestellt. Kaum bist du zwischen die Häuser eingetreten, kommst du schon wieder heraus! So klein! Rechts unterhalb der Strasse gab es ein Haus mit der Aufschrift «Osteria». Mein Vater sagte, das sei italienisch und bedeute auf Romanisch «Ustreia». Aber sicher, dachte ich, das ist ja fast romanisch.

«Warum schreiben sie das auf Italienisch?»

«Weil da immer viele Italiener vorbeiziehen, einwärts und auswärts, die hier übernachten können.»

In der Roflaschlucht habe ich grosse Augen gemacht, als ich sah, wie die beiden Rheine, der Averser- und der Hinterrhein, sich wie zwei wilde Kerle aus den Bergen über die Felsen hinunter einer auf den andern stürzten. Als wir uns dem ersten der beiden Häuser näherten, dem alten Wirtshaus, kam ein etwas verlottertes Männchen daher und grüsste den Vater. Das sei der Batista, sagte er, der früher draussen am Berg Kuhhirte gewesen sei und einmal beim pizoccal-Essen[4] beim Onkel Tiani fast erstickt sei. Begreiflich, dass ich mich noch einmal umdrehen und den ‹Fegar› anschauen musste.

Droben im neuen Wirtshaus ruhten wir uns ein Weilchen aus. Der Vater bestellte einen Schnaps und für mich ein süsses Getränk, damit wir Mut fassten, bevor wir hineinzogen in die wüsten Täler, wie unsere Leute sie nannten, während die Fremden sie als grandios bezeichneten. Was mich betraf, so verspürte ich an jenem Tag etwas wie Angst, wenn ich zu den hohen, bewaldeten Felsen hinaufschaute, die auf uns herabzustürzen drohten.

Bald aber hiess es weitergehen, und wir machten uns wieder auf den Weg – nicht auf der breiten Splügenstrasse, die ich bevorzugt hätte, sondern ins immer enger werdende Tal hinein, wo die Strasse kaum halb so breit war und von der Paregna-Brücke an steil aufwärts führte. Meine Beine begannen müde zu werden, und die Fusssohlen brannten.

«Gehts noch weit?», fragte ich den Vater.

«Komm, mein Sohn», tröstete er mich. «Jetzt sind wir gleich bei der ‹Schmelza›[5] und dort werden wir eine gehörige Pause machen.»

Und wirklich: Hinter der nächsten Kehre sahen wir auf der andern Seite eines wilden, von einer Steinbrücke überquerten Baches die Ruinen der ‹Schmelza›. Da gabs nun einen richtigen Halt, und der Vater erzählte mir, was man da früher gemacht hatte – Dinge, die ich noch nie gehört hatte. Ich wusste noch nicht, woher das Eisen kam, das Kupfer und das Silber, und hörte mit offenem Mund zu. Dann begannen wir, Steine zu sammeln: die schweren, welche Eisen, und solche mit grünen Streifen, welche Kupfer enthielten. Alle Taschen habe ich mir damit vollgestopft, bis der Vater sagte, dass ich aufhören müsse, das zerreisse die Jacke und die Hose.

Kurz nach der ‹Schmelza› kamen die Maiensässen von Pleds zum Vorschein, und der Vater erzählte von einem aus Farera[6], der Cheta[7] hiess, den sie «Cheta von Pleds» nannten, weil sein Säss dort riesengross war.

Ein Weilchen später weitete sich das Tal, wir sahen Wiesen und da und dort ein Äckerchen. Das seien die Wiesen und Felder von Farera. Lauter kleine Blätze. So kleine gab es nicht bei uns oben! Viele waren nicht grösser als ein Stubenboden. Auch hatte ich mir das Dorf Farera anders vorgestellt. Meine Tante Freana, die oft hier auf der Stör gewesen war, hatte allerhand von den Leuten von Farera erzählt: das sei ein lustiges Völklein, das nicht meine, die Last der Welt tragen zu müssen. Und wie die zu singen, zu spielen und zu tanzen verstünden! Sie hatte ein paar alte Lieder von dort mitgebracht, auch das von der «Nonna pintga»[8], welches das schönste war. Sie hatte die Nonna pintga noch kennen gelernt, und auch den Tumasch Gartma mit seinen «weissen Schimmeln». Und eine ganze Schar von Geigern gab es damals in Farera. Fast in jeder Stube hing eine Geige an der Wand. – Das alles hatte für mich einen poetischen Schimmer auf das Dorf geworfen. Nun aber sah ich ein Dorf mit einfachen Holzhäusern, die den Hang hinauf ausgestreut waren, und mitten hindurch schäumte ein wilder Bach. Aber obwohl es anders war, als ich es mir vorgestellt hatte, gefiel es mir – warum, wusste ich damals noch nicht. – Von einer Kuppe hoch oben über dem Dorf grüsste ein kleiner Kirchturm. Das sei der Kirchturm von Cresta, wo die Farerer ihre Maiensässen hätten, sagte der Vater.

Weniger gefiel mir, dass das Tal hinter dem Dorf sich wieder verengte. Ein Trost war, dass eine Frau in Farera gesagt hatte, in einer Stunde seien wir in Calantgil. Doch was für eine lange Stunde war das – sicher eine halbe Stunde mehr! Nur mit Mühe kam ich voran. Immer wieder mussten wir anhalten und rasten. Dann endlich, hinter einem mächtigen Felsen, kam Calantgil zum Vorschein: eine Handvoll Häuser mit ein paar Ställen, auf einem Hügel Kirche und Kirchturm, und ringsherum Gipfel und Felsen. Es war wirklich ganz abgeschlossen von aller Welt. Und ich, der ich auf der Muntogna[9] zu Hause war, wo es so weit und so schön war! Und auf einmal war mir, als werde mir die Brust mit Macht zusammengepresst; es war ein Schmerz, den ich noch nicht kannte. Doch musste er vorläufig noch Ruhe geben, denn wir waren im Dorf angekommen und standen auf einem Platz vor einem grossen und schönen Haus. Und ein Mann mit freundlichem Gesicht kam heraus, und als der Vater sich als der neue Schulmeister vorstellte, begrüsste er uns herzlich – es war Gion Peadar, der Gemeinde- und Schulratspräsident – und lud uns ein, bei ihm zu Mittag zu essen.

«Das wäre natürlich wunderbar», sagte der Vater, und wir traten ein und wurden in eine grosse und schöne Stube geführt.

«Jetzt legt nur eure Bagage ab und nehmt Platz, ich gehe und rufe meine Frau.»

Sogleich erschien diese: eine kleine Frau, die, wie man sofort sah, die Güte selber war. Für mich war es, als wäre ein gütiger Engel eingetreten, der mich von aller Last, die mich bedrückte, erlöste.

«Bist müde, mein Kleiner, und hast Hunger? Jetzt bring ich gleich das Mittagessen», sagte sie und breitete ein weisses Tuch auf den Tisch. Dann trug sie auf: ein Mittagessen, dass der Tisch die vielen Speisen fast nicht zu tragen vermochte: Suppe, Fleisch, Würste, Gnocs[10], schliesslich Kaffee und einen frischen Geissziger. Und natürlich habe ich es mir schmecken lassen, bis ich ganz rund und satt war.

So sind wir in Calantgil empfangen worden, und nie werde ich Gion Peadar und seine Frau vergessen, so wenig wie das Schärlein der andern, die ich nach und nach kennen lernte.

Am Nachmittag begleitete uns der Präsident ins Schulhaus, wo mein Vater die Kinder von Calantgil unterrichten sollte und wo wir auch wohnen sollten. Es war Teil eines

Doppelhauses. Rechts war die Schule, und links war einmal das Pfarrhaus gewesen. Dieses hatten sie Hrest[11] vermietet, einem kleinem Alten, der seit Jahren Witwer war – ein Original, von dem ich noch berichten werde. Die Schulstube war nur klein, doch sei Platz genug für die zehn bis zwölf Schüler und einen Tisch, damit wir in der Stube essen könnten, meinte der Präsident. Und so hielten wir es auch. Wir haben den ganzen Winter über in der Schulstube gegessen – was der Vater an mehr oder weniger Gelungenem in der riesigen Küche zubereitete – und in der darüber liegenden Kammer geschlafen.

Unsere Unterkunft war bald eingerichtet. Ein Bett wurde uns von Gions Frau zur Verfügung gestellt, auch das Geschirr, das wir brauchten, und Weiteres würde noch im Koffer nachkommen. Es war alles sehr einfach, aber trotzdem waren wir glücklich und zufrieden in unserem Schulhaus in jenem Winter, ja mehr als zufrieden, ich jedenfalls. Dass es für einen Lehrer auch Sorgen geben konnte, kam mir damals noch nicht in den Sinn.

Am Tag darauf begann die Schule. Da unsere Sachen noch nicht angekommen waren, waren wir noch einmal bei Gion Peadar eingeladen – von mir aus hätte das den ganzen Winter über so weitergehen können! Man kann sich vorstellen, wie gespannt ich die Buben und Mädchen von Calantgil erwartete. Sie hatten mich schon am Vortag mehr oder weniger heimlich gemustert, und ich hatte mich als Sohn des Schulmeisters auch nicht ohne Stolz bestaunen lassen. Nun war es so weit. Um acht Uhr morgens kamen alle und nahmen ohne grossen Lärm Platz in den Bänken. Wir waren zwölf, mich eingerechnet. Zwei Mitschüler hiessen gleich wie ich: der Sohn des Präsidenten und der Sohn der Cristina, so dass wir zu dritt waren mit dem Namen Tumasch – muntere Gesellen einer wie der andere.

Mein Vater verstand es, mit Kindern umzugehen, und so herrschte in der Schule bald ein fröhlicher Betrieb. Nach kurzer Zeit hatte ich mit allen Bekanntschaft geschlossen.

Alles was ich in jenen ersten beiden Tagen sah und hörte, nahm mich mit meinem ganzen Denken und Fühlen in Beschlag. Doch am Abend des zweiten Tages, als es ganz still geworden war und wir in der Stube am Tisch sassen – der Vater bereitete sich für den nächsten Tag vor und ich blätterte im Eberhard, dem Schullesebuch –, da war plötzlich jenes Gefühl wieder da, das ich bereits am ersten Tag verspürt hatte, als wir im Dorf angekommen waren. Was war das? Ein seltsames Weh in der Brust, das mich ganz unerwartet zum Weinen brachte.

«Aber was ist denn, mein Bub?», fragte der Vater.

«‹La mamma ...›»

Das Heimweh hatte mich mit aller Macht gepackt, und es war für den Vater nicht einfach, mich zu trösten. Aber schliesslich gelang es ihm doch, und wir gingen zu Bett. Und im Traum war ich dann bei der Mutter! Was für ein schöner Traum: die Geschwister, die Mutter und ich – wir gingen an einem sonnigen Augustsonntag über die Bergwiesen hinauf zum Libi, dem kleinen Bergsee ob Munsulegl. Wir sangen und jauchzten und ich höre noch die Stimme der Mutter, ihren vollen und weichen Klang...

Am andern Morgen bin ich guten Mutes aufgewacht und sah, dass auch der Vater munter und fröhlich war. Doch schon am Mittag war das Heimweh wieder da, und ich floh aus dem Haus und zur Kirche hinauf, wo ich mich verbarg und den Tränen freien Lauf liess. – Ein paar Tage ging das so, dann wars vorbei. Ich hatte die Leute von Calantgil kennen gelernt, und alle waren gut und freundlich zu mir. Um mich ihre Anteilnahme spüren zu lassen, gaben sie mir vom Besten, was sie damals hatten: ganze Hände voll Arvennüsschen. Und das war etwas ganz besonders Gutes.

Ich will versuchen, ein paar der Originale von Calantgil kurz zu beschreiben.

Zuerst ist da natürlich Hrest, unser Hausgenosse, zu nennen, ein Männchen, das bereits über siebzig Jahre alt war, aber munter wie ein Fisch im Wasser. Während vieler Jahre war er als Briefträger von Calantgil nach Avers gewandert, mit grossen und kleinen Lasten, bei jedem Wetter, als der Weg durchs enge Tal noch steinig und gefährlich war. Jetzt, da die neue Strasse gebaut war, war seine Dienstzeit zu Ende. Er war, wie es hiess, reich, ja der Reichste im Dorf, und ich denke, dass das so war, denn er war enorm sparsam – ein Rappenspalter. Das hatte ich schon damals bemerkt. Es reute ihn fast zu essen. Am Sonntag kochte er eine Fleischsuppe mit ranzigem Speck, einen ganzen Kessel voll, der an einer Kette über der Feuerstelle hing. Das war die Suppe für die ganze Woche. Was für eine Brühe musste das jeweils am Freitag und Samstag gewesen sein! Ich hatte nie Gelegenheit, davon zu probieren, hatte auch kein Bedürfnis danach! Neben der Suppe waren seine Hauptnahrung Brot, das trocken war wie Horn, und Geisskäse. – Und seine Stube! Ich habe heute noch deren Geruch in der Nase. Nie hätte er ein Fenster geöffnet! Man kann sich vorstellen, wie es bei ihm sonst stand mit der Sauberkeit. – Genug davon; sonst war er freundlich, wenn auch manchmal nicht ohne ein bisschen Boshaftigkeit. Jedoch hat er uns nie etwas in den Weg gelegt. Abende lang erzählten der Vater und er sich Dinge, die mich in Erstaunen versetzten. Es war die Zeit des Burenkriegs in Südafrika. Hrest stand natürlich auf der Seite der Buren und verwünschte die Engländer, dieses Gesindel, das die ganze Welt unter seine Herrschaft bringen wollte. Wenn es den Buren gelang, einen Schlag gegen ihre Feinde zu führen, dann freute er sich wie ein Kind und hatte ein paar Tage lang die beste Laune, die überhaupt möglich war. Hrest war Demokrat durch und durch und wollte nichts zu tun haben mit den grossen Herren. Oft sagte er: Einmal, da wohnten die Tyrannen auf den Burgen, heute aber wohnen sie mitten unter den Leuten, und er hatte vielleicht nicht so Unrecht. Auf jeden Fall war Hrest eine überaus interessante Persönlichkeit für mich.

Etwas hätte ich fast vergessen. Hrest war verheiratet gewesen und zwar mit der Witwe des letzten Pfarrers von Calantgil. Oft erzählte er von seiner lieben Frau; wie sie gut miteinander ausgekommen seien und dass sie viel zu früh verstorben sei. – Hrest muss zwei bis drei Jahre nach unserer Zeit in Calantgil verstorben sein. Für die Erben dürfte das ein Festtag gewesen sein.

Ein anderes Original war der Peadar lung[12], ein Riese von einem Mann, der einige Jahre jünger war als Hrest. Er ging ein wenig vornübergebeugt. Das komme von den Lasten, die er von Andeer nach Farera und Calantgil und ins Avers getragen habe. Immer wieder wurde von Peadars gewaltigen Lasten erzählt. (Auch Stoffel in seinem Buch «Das Hochtal Avers» erzählt vom Peadar lung.) Sie sollen bis zu zwei Doppelzentner schwer gewesen sein, wahrhaft erstaunliche Bürden. Wie Hrest war auch Peadar sehr sparsam, und es hiess, dass er mit seinem Vermögen gleich hinter Hrest an der Reihe sei. Als er starb, zeigte sich allerdings, dass es damit nicht so weit her war, denn die Erben bekamen nur wenig. Aber vielleicht hat er sein Geld auch irgendwo vergraben, und ein Glücklicher wird es finden in hundert Jahren.

Wir Buben gingen oft zum Peadar lung, denn er war immer guter Laune und brachte uns mit seinen Sprüchen zum Lachen – und wie! Einmal, als wir unter seiner Haustür standen, kam er und zeigte uns einen Geisskäse, an dem die Mäuse genagt hatten. «Da sieht man, wie viele Zähne eine Maus hat», sagte er mit einem listigen Lächeln auf den Stockzähnen, «präzis hundert; ich habs genau gezählt. Ihr könnt nachzählen, wenn ihrs nicht glaubt.» So dumm aber waren wir nun auch wieder nicht.

Der lange Peter ist sehr alt geworden. Als ich zwanzig Jahre später einmal nach Calantgil kam, lebte er noch. Zuerst ging er mir aus dem Weg; erst als er sah, dass ich kein hochmütiger Herr geworden war, begrüsste er mich und war sehr freundlich und wollte alles Mögliche wissen: wie es weitergegangen sei und wie es mir gehe und was mein Vater mache, und noch vieles andere.

Im hintern Teil des Dorfes, hinter der Post, wohnte Michalet mit seiner Familie, seiner Frau, drei Söhnen und einer Tochter. Michalet statt Michael nannten sie ihn, weil er klein war, kurz und kräftig. Sein Hauptberuf war Küfer; er verfertigte Holzgeschirr, Kübel, Gebsen, Butterfässer, Gelten, sogar Waschzuber, und noch vieles andere. Sobald die Feldarbeiten im Herbst zu Ende waren, begann er Geschirr herzustellen. Das Holz, das er dazu brauchte, fällte er weit droben an der italienischen Grenze – es mag sein, dass er dann und wann auch über die Grenze hinausging, wenn er eine schöne Arve sah und niemand zugegen war. Das Holz wurde dann in passende Spalten geschnitten, lange und kurze, wie der spätere Gebrauch es erforderte. Dann liess er es trocknen, ein Jahr lang oder auch länger. Einen ganzen kleinen Heustall voll hatte er davon auf Lager. Seine Arbeit verrichtete er in der Stube, und deshalb duftete es in dieser Stube immer wunderbar nach Arvenholz – ganz anders als beim Hrest draussen! Stundenlang sassen wir Buben beim Michalet und schauten zu, wie er die Holzgefässe herstellte und hörten seinen Geschichten zu – Geschichten von Hexerei und Spuk und von den Schmugglern, die aus Italien herüberkamen, um Kaffee, Zucker, Schokolade und anderes zu holen. Auch von seinen Abenteuern auf der Gämsjagd wusste er Erstaunliches zu berichten. Es ist also begreiflich, dass für uns bald einmal feststand, was wir werden wollten: Schmuggler oder Jäger.

Michalet hatte aber noch andere Talente. Er konnte auch Geige spielen. Seine Geige hing an der hintern Stubenwand. Wenn wir merkten, dass er besonders gut aufgelegt war, begannen wir zu bitten und zu betteln, bis er das Instrument herunternahm und zu spielen begann. Wie mein Vater kannte er eine grosse Anzahl alter Tänze – doch nicht dieselben, ganz andere –, und wir hörten zu und konnten nicht genug bekommen. Ich wette was ihr wollt, aber die Geige des Michalet machte einen stärkeren Eindruck auf uns als das Radio auf die Jungen von heute.

Eines Abends kam der Michalet mit seiner Geige zu uns in die Schulstube. Der Vater und er hatten abgemacht, ein wenig miteinander zu spielen. Die Geige des Vaters aber hatte an der Holzschraube der tiefen Saite einen Defekt.

«Da kann geholfen werden», sagte Michalet, «ich mach euch eine neue.» Und bereits am nächsten Abend brachte er eine neue Schraube aus Hartholz mit und passte sie ein in das Instrument. Es dient mir heute noch, und jedes Mal, wenn ich es hervornehme und Michalets Schraube sehe, sehe ich auch den kleinen und originellen Mann vor mir.

Selbstverständlich haben der Vater und Michalet dann auch zusammen gespielt, und diese Proben gelangen so gut, dass sie es wagten, an einem Ball in Calantgil aufzuspielen. Der Ball fand in der Fasnachtszeit statt, in der Stube des Michalet. Wer auch nur halbwegs gehen konnte, war zugegen. Auch wir Schüler durften dabei sein, bis zehn Uhr, sogar drei Tänze tanzen. Gejauchz, Gelärm und Gestampf! Alle sagten, dass sie eine solche Musik noch nie gehabt hätten.

Jetzt muss ich aber noch ein paar Worte über unseren Freund als Küfer anfügen. Bis zum Frühling türmten sich bei ihm die Gefässe, eines schöner als das andere! Dann zog er hinaus ins Schams und ins Domleschg, manchmal noch weiter, und verkaufte sie und kehrte mit einem gut gefüllten Geldbeutel zurück. (Ein Arvenholzkübel, den mein Vater gekauft hat – ein Prachtstück –, ist nach wie vor im Besitz unserer Familie.)

Michalet war der letzte Küfer von Calantgil. Gewiss wäre es für ihn eine besondere Freude gewesen, wenn einer der Söhne das Handwerk erlernt hätte. Doch dazu hätte es ihnen an Geduld gefehlt, sagten sie mir später, als der Vater bereits tot war. – Nein, Michalet ist nicht im Bett gestorben und auch nicht auf der Jagd. Michalet ist ertrunken, als er Holz aus dem Rhein zog. Er stand über einer tiefen Stelle, die mit Eis bedeckt war, brach ein und musste ertrinken, weil niemand zugegen war. – Soviel von Michalet.

Ich wüsste auch von den andern in Calantgil noch das eine oder andere zu berichten. Die meisten sind befreit von ihren Mühen und Sorgen und ruhen heute auf dem kleinen

Friedhof auf dem Kirchhügel. Mein Kamerad Tumasch, der Sohn des Präsidenten Gion Peadar, kam ums Leben, als er das Heu auf dem Maiensäss zum Weg herabzog. Er konnte den Heuballen nicht mehr aufhalten und wurde über den Felsen hinuntergeschleudert. Ein schrecklicher Tod.

Von dem, was in der Schule geschah, habe ich nur wenig in Erinnerung behalten. Es muss also wenig gegeben haben, das meinen Vater in Ärger versetzte und die Geduld verlieren liess. Einmal, erinnere ich mich, hat er mit der Faust aufs Katheder gehauen, aber warum weiss ich nicht mehr. Am Altjahrabend haben wir in den Strassen gesungen, was allen im Dorf grosse Freude machte. Am Neujahrstag mussten wir dann die Häuser aufsuchen, eins ums andere, um ein gutes neues Jahr zu wünschen. Dabei durfte keines ausgelassen werden, das wäre mit Missfallen vermerkt worden. Ich sammelte einen ganzen Korb voll kleiner und grosser Birnbrote ein. Von der Frau des Präsidenten bekam ich sogar einen richtigen Hefekuchen, von der Frau des ô Giahannes ebenfalls. Das war natürlich eine willkommene Abwechslung auf unserem Tisch. Nicht zu vergessen die Würste, die wir bekamen, wenn die Schweine geschlachtet wurden. Dann lebten wir jeweils wie die Fürsten. Im Übrigen waren wir zufrieden mit unsern einfachen Speisen. Das bevorzugte Gericht meines Vaters waren Maisriebel. Manchmal schickte uns die Mutter eine Schachtel voll Pfaffenbohnen[13]. Wie man sieht: Wir hatten Grund zufrieden zu sein, es fehlte uns an nichts.

Einen Pfarrer gab es in den Dörfern des Fareratals damals nicht mehr. Ein- oder zweimal ist der von Avers herausgekommen, ein magerer und bleicher Mann, der mir fast ein wenig Angst machte. Von seiner deutschen Predigt habe ich so gut wie nichts verstanden. Drei- oder viermal hat Pfarrer

ги 03

Menga Dolf, «Die Küche in Mathon»

Lutta aus Andeer gepredigt, auf Romanisch, und wir haben auch romanische Lieder aus dem Gesangbuch von Pfarrer Darms gesungen. Das machte mir sehr grossen Eindruck, denn unser Pfarrer am Berg draussen war deutschsprachig, und dass man auch romanisch predigen konnte, war für mich völlig neu. Wenn Pfarrer Lutta ins Tal hereinkam, fand der Gottesdienst immer am Abend um acht Uhr in der Schulstube statt. Einmal bin ich dabei so fest eingeschlafen, dass ich erst wieder erwachte, als sie zu singen begannen. – Pfarrer Lutta schlief in der Oberstube bei uns. Da war immer ein Bett für ihn bereit. So mussten sich die von Calantgil in der Regel mit einer Predigt im Monat begnügen.

Bis Neujahr waren die Männer mit ihrem Vieh im Maiensäss von Starlera, das der Stolz der Innerferrerer war. Einmal im Herbst bin ich mit Tumaschet droben gewesen. Es ging einen sehr steilen und steinigen Weg hinauf, und ich konnte fast nicht glauben, dass man da mit dem Vieh hinaufkam. Aber droben war es dann herrlich, eine weite Fläche mit schönen Wiesen, die grosse Mengen Heu hergaben. Die paar Hütten waren gegen den Rand hin gebaut, wo die Felswand tief zum Rhein hinunter abfällt. Mir standen fast die Haare zu Berg, als ich hinunterschaute. Aber Tumaschet lachte nur, er war an Felsen und steile Halden gewöhnt. So schön, ja imposant es war in Starlera oben – um nichts in der Welt hätte ich es mit unseren Bergwiesen in Munsulegl vertauscht, wo nicht solche Gefahren drohten.

Noch das eine oder andere wüsste ich von denen von Calantgil zu erzählen, doch will ich jetzt aufhören.

Ein paar Mal waren wir während des Winters in Munsulegl draussen gewesen, wo sie einen alten Schulmeister angestellt hatten, der sehr grob war. Meine Geschwister, ja alle in der Klasse, fürchteten ihn wie das Feuer. Es kam soweit, dass mein Vetter seinem Buben den Kopf scherte, damit er ihn nicht mehr an den Haaren reissen konnte. Das war zum Lachen, gewiss, zugleich eine ernsthafte Sache. Jedenfalls war die Situation derart, dass die von Munsulegl und mein Vater es für angebracht hielten, miteinander zu verhandeln. Schliesslich, im März, war es so weit, und die Lehrerstelle in Munsulegl wurde wieder meinem Vater übertragen. Die Leute von Calantgil fielen aus allen Wolken, als mein Vater kündigte, denn sie waren sehr zufrieden mit ihm. Die ganze Schulzeit war in harmonischem Geist verlaufen! Aber was war da zu machen? Die Gründe, die mein Vater vorbrachte, hatten Gewicht, und so war Abschied zu nehmen von Calantgil. Für mich war das nicht leicht, denn ich war dort drinnen heimisch geworden und redete unterdessen wie einer von ihnen. Noch lange haben mich die von Munsulegl wegen meines Innerferrerer Dialekts ausgelacht, bis er sich allmählich wieder verlor.

---

1 Calantgil = Innerferrera
2 Vargistagn = Wergenstein
3 Balamburtg = Bärenburg
4 pizoccals = Teigklösse, «Spätzli»
5 Schmelza = Erzschmelze
6 Farera = Ausserferrera
7 Cheta = von Christian
8 Nonna pintga = kleine Anna
9 Muntogna = Schamserberg
10 gnocs = Maisklösse mit Weinbeeren
11 Hrest = von Christian
12 Peadar lung = der lange Peter
13 Pfaffenbohnen sind ein Gebäck.

74

Wie wir nach Andeer hinuntergingen, um uns «aufnehmen» zu lassen

Fast sechzig Jahre sind es jetzt her, und ich hatte das Ereignis fast vergessen. Aber in diesem Sommer kam mir die Fotografie mit uns Schülern in jenem Jahr wieder vor Augen; wir waren zehn – nein, elf mit dem Lehrer –, Grosse und Kleine, ja auch sehr Kleine, alle mit ernster Miene. Und jedes Mal, wenn ich die Foto anschaue, scheint es mir, als sei die Sonne jener frohen Zeit wieder aufgegangen, in mir und ausser mir.

Wie wir auf die Idee gekommen sind, nach Andeer hinunterzugehen, um uns «aufnehmen» zu lassen? (Damals sagte man noch nicht «fotografieren» – man war nicht so gebildet und kannte solche Fremdwörter noch nicht.) Während des Winters hatte sich in den Dörfern die Neuigkeit verbreitet, in Andeer unten habe sich einer niedergelassen, der Aufnahmen mache; er habe dazu eine Kammer eingerichtet und verstehe seine Kunst ganz ausgezeichnet. Er sei ein Andeerer, der aus der Fremde zurückgekehrt sei – ein Tausendkünstler, der in allem Möglichen bewandert sei. In diesem Jahre habe er in Andeer eine Theateraufführung geleitet, und die Zilliser, die dort gewesen seien, hätten sie nicht genug loben können. Wie die gespielt hätten! – Man kann sich vorstellen, dass ein solches Talent in allen Dörfern die Neugier weckte. (Heute würde man sagen: Er war eine Sensation.) So kam es, dass der eine oder andere und die eine oder andere sich mehr oder weniger heimlich zum Fotografen hinunterbegaben. Und schon bald schmückten die Fotografien, die der Briefträger Padrett im Verlauf des Winters haufenweise den Berg hinauftragen musste, die Stubenwände – derart, dass man da und dort die Täferung nicht mehr sah. Zuerst gabs ein Bild der Tochter, dann eines des Sohnes, dann das der Mutter und manchmal auch noch eines vom Vater. Manche Familien gingen gleich vollzählig – Vater, Mutter und Kinder –, um ein Bild machen zu lassen. Dieses wurde dann genau beurteilt: «Ja, gut getroffen, ganz genau, dem Vater, als er noch jung war, aus dem Gesicht geschnitten.» – «Aber nein, so siehst du nicht aus!», und so weiter. Einer hatte gerade ein wenig mit der Achsel gezuckt, so dass eine Schulter höher war als die andere, ein anderer hatte ein wenig den Mund verzogen, so dass er ganz krumm geworden war, wieder andere hatten andere Dummheiten gemacht. Aber das konnte die Übrigen nicht davon abhalten, auch hinunterzugehen. Die meisten waren sehr zufrieden mit ihren Bildern, ja viele waren darauf schöner als in Wirklichkeit. Aber das Schönste war der Spass, den alle daran hatten.

Es erstaunt also nicht, dass auch wir Schüler auf die Idee gekommen sind, zum Fotografen hinunterzugehen. Wir hatten fünfzehn Franken siebzig in der Klassenkasse, die wir redlich mit Neujahrssingen verdient hatten. So sind wir denn dem Lehrer den ganzen Winter über in den Ohren gelegen, bis er, um endlich Ruhe zu haben, nachgab. Man kann sich vorstellen, dass das ein langer Winter für uns war, aber schliesslich ist es doch Frühling geworden; die warme Sonne hat den Schnee auf den Hügeln weggeschmolzen und die Hänge mit einem frischen Grün überzogen und da und dort ein paar weisse oder gelbe Blumen hineingestreut.

Es war anfangs April, kurz vor Ostern, da sagte der Lehrer eines Abends, als die Schule aus war: «Morgen gehen wir!» Wir waren ganz aus dem Häuschen. Irgendwie, mit Sprüngen und Jauchzern, sind wir aus der Schulstube ins Freie gekommen. Geschlafen haben wir in jener Nacht nicht viel, und am Morgen musste uns die Mutter nicht zweimal rufen. Lange vor acht Uhr waren wir auf dem Schulplatz versammelt. Potztausend, wie alle herausgeputzt waren, wir erkannten einander fast nicht mehr.

Die Sonne war gerade aufgegangen, als wir uns auf den Weg machten. Der Lehrer, der bereits ein älterer Mann war, musste sich Mühe geben mitzukommen. Manchmal musste er laut rufen und die Schar ermahnen, vorsichtig zu sein, weil man ausrutschen und abstürzen könnte. Doch machte uns das keinen grossen Eindruck. Wir vom Schamserberg waren Höhen und steile Hänge gewohnt und hatten keine Angst. Um ehrlich zu sein: zuunterst im Grosch haben wir dann doch nicht ohne Schaudern in die Schlucht des Valtschial hinabgeschaut, ganz besonders die Mädchen, die auf dem Pfad, der vorne am Bot Git vorbeiführt, hinuntersteigen wollten. Und als auch der Lehrer der Ansicht war, dass dieser Weg der sicherere sei, mussten wir uns fügen – sind aber dann doch voraus- und hinter dem Bot Git hinuntergelaufen; wir wollten doch sehen, wo der Jerg nach Schätzen gesucht hatte. Bald waren wir in Donat unten und erreichten mit grossen Sprüngen die Pùnt Crap[1], wo wir bei der Mühle Halt machten, um auf die Mädchen und auf den Lehrer zu warten, aber auch, um die Mühle etwas genauer zu betrachten. Die Fenster waren so tief unten, dass man gerade in die Stube hineinschauen konnte. Eine ganze Schar Kinder war da hinter den Fensterscheiben versammelt, zum Teil noch ungewaschen und nicht angekleidet. Und unter der Haustüre stand der Müller, die Pfeife im Mund und die Hände in den Taschen, und das war niemand anders als der Trommler der Landsgemeinde, der uns Buben immer als einer der Ersten unter den Talbewohnern erschienen war. – Heute ist die Mühle abgebrochen, und der Müller ist mit seiner Familie fortgezogen. Man sieht nur noch die Grundmauern und etwas weiter oben am Weg die Überreste des Heuschobers.

Auf dem Bot Muntatsch eröffnete sich uns eine neue Welt.

«Schau doch», rief eins ums andere, «dort unten Clugen und dort drüben Andeer. Und der Rhein, wie der daherkommt!» Und so war es: Auf dem Bot Muntatsch sah man Clugen und Andeer und alle Dörfer des Tals, auf alle Fälle ihre Kirchen und Kirchlein. Und wenn man nach Andeer hinüberschaute, schien dieses Dorf eine Stadt zu sein, Häuser und nochmals Häuser und auf einem Hügel, weiss leuchtend, Kirche und Kirchturm. Und eine breite Strasse zog sich von dort aus schnurgerade durch die Wiesen talauswärts.

Wir konnten kaum erwarten, nach Andeer hinüberzukommen und alles von Nahem zu besehen. In Clugen unten waren wir bald. Jetzt erst sahen wir, dass das Dorf auch eine Kirche hatte, am unteren Dorfrand, aber nur eine sehr kleine, gewissermassen ein Kind der Kirche von Andeer. Zuhinterst im Dorf zeigte uns der Lehrer das Schulhaus, doch war es geschlossen; die Kinder gingen jetzt nach Andeer zur Schule. Mit Respekt, ja Schaudern haben wir beim Weiterwandern zur Burgruine von Cagliatscha hinaufgeschaut, die noch immer bedrohlich von oben heruntersah. Jedenfalls gab es auf diesem Weg immer etwas zu sehen – und in Andeer erst recht!

Menga Dolf, «Die geschnitzte Stadt»

Eine gedeckte Brücke, wie wir bisher noch keine gesehen hatten, führte über den Rhein. Sogar Fenster hatte sie, und wenn man hinaus- und auf den Rhein hinunterschaute, konnte einem schwindlig werden. Dann gelangten wir auf einer Strasse, die von hohen Mauern gesäumt war, über die man nicht hinwegsehen konnte, mitten ins Dorf hinein, auf einen grossen Platz mit mächtigen Häusern ringsherum.

«Jetzt geh ich gleich zur Deti hinein und bestelle den ‹cafe›», sagte der Lehrer. «Ihr bleibt da und geht nicht fort.»

Auf der linken Seite des Platzes war ein Haus mit einem Schild: «Crusch alva»[2]. Dort stieg er die Treppe hinauf und erschien nach einem kurzen Moment wieder, zusammen mit einer kleinen rundlichen Frau mit freundlichem Gesicht.

«Schau da. Da seid auch ihr. ‹Bùngi›. Das ist recht. Geht jetzt nur und lasst ein schönes Bild machen. Bis ihr zurückkehrt, ist alles bereit!» – Das war Deti, die Wirtin, die alle kannten, nicht nur im Schams.

Wir gingen also die Dorfstrasse hinauf. Was für eine interessante Strasse! Die Pflästerung wie bei uns oben, vielleicht etwas feiner, darin Platten mit Radgeleisen, und das zog sich so weiter durch das Dorf hinauf. Manchmal gabs einen Laden oder eine Wirtschaft. Immer wieder blieb das eine oder andere stehen, um in die Schaufenster hineinzuschauen. Wir kamen fast nicht vom Fleck. Vor einem Haus stand eine Frau, die den Lehrer begrüsste und von jedem wissen wollte, wem es gehöre.

«So ist das. So ist das. Was für ein flotter Bub. Was für ein flottes Mädchen! Grüsse deinen Vater, deine Mutter», sagte sie fast ausnahmslos zu jedem. Endlich sind wir sie losgeworden und weitergezogen. Ein Stück weiter oben bogen wir bei einem roten Haus in eine andere Strasse ein und gingen dort weiter, bis der Lehrer vor einem stattlichen Gebäude stehen blieb und sagte: «Da wären wir.» Er trat hinein, und wir mussten ein Weilchen warten. Dann erschien er wieder unter der Haustüre, zusammen mit einem Mann. War das der Fotograf? Den hatten wir uns ganz anders vorgestellt: jung, schön und gross, nicht so ein schmächtiges Männchen mit ernster Miene und einer Brille auf der Nase. Doch als er dann jedem die Hand gab und sagte: «Also denn, ihr wollt euch aufnehmen lassen; das ist gut, sehr gut, so kommt nur», waren all unsere Bedenken verflogen, und wir folgten ihm mit Gepolter und Lärm die Treppe hinauf in den oberen Hausflur, wo er zuhinterst eine Tür öffnete. Und jetzt – schau da: eine Kammer mit einem Wandschirm und einem Dach aus Glas. Dies sei das «Atelier», sagte er zum Lehrer – einige von uns haben «taglier» – Teller – verstanden, was uns später noch oft zum Lachen brachte. In der Mitte des Raumes stand ein Gestell: hohe eiserne Füsse, die ein Kästchen trugen, das vorn in der Mitte ein riesiges schwarzes Auge aus Glas hatte und mit einem schwarzen Tuch bedeckt war. Das sei der Apparat, der die Aufnahmen mache, erklärte uns der Lehrer.

Wir konnten vor Ungeduld kaum erwarten, was da kommen sollte. Vorläufig war der Fotograf damit beschäftigt, an der hintern Wand Stühle und Bänke zu ordnen. Dann lädt er uns mit einer Geste, als wären wir Herrschaften, ein, nach hinten zu kommen, «Seid so freundlich …», und stellt uns in Reih und Glied auf. Die Kleinen postiert er zuvorderst, dann sitzen ein paar auf Stühlen, und zuhinterst stehen die Grossen, mit dem Lehrer in der Mitte. Dieser schaut an sich hinunter, zieht ein wenig an seiner Jacke und Weste, rückt den Kragen zurecht und streicht zuletzt über seinen schönen und grossen Schnurrbart, was uns veranlasst nachzusehen, ob auch bei uns alles in Ordnung ist, zuerst an uns selber, dann eins beim andern. Die Mädchen nesteln an ihren Kräglein und richten sich die Zöpfe. Niemand schwatzt, es herrscht gespannte Stille; sogar die, die sonst immer das grosse Wort führen, machen keinen Mucks. Der Fotograf ist unterdessen zum Apparat zurückgekehrt und hat den Kopf unter das schwarze Tuch gesteckt. Da höre ich neben mir ein Prusten und sehe, dass mein Freund Georg fast platzt vor Lachen – sehe aber auch den Blick des Lehrers, der seiner Lachlust ein Ende setzt. Der Fotograf, der den Kopf wieder unter dem Tuch hervorgezogen hat, kommt noch einmal zu uns herüber. Das eine oder andere ist, wie es scheint, noch nicht ganz richtig platziert. Den Schimun stellt er auf der linken Seite zuäusserst hin und bringt ihm ein Stück Geländer und sagt, er solle sich mit der Hand darauf stützen. Und mein kleiner Bruder, der mit einer Miene, als sei er der Kreispräsident, auf der rechten Seite sitzt, soll die Beine übereinander schlagen.

«Jetzt seid einen Moment lang ganz ruhig, bis ich auf drei gezählt habe. Aber macht doch nicht so traurige Gesichter, als müsstet ihr noch einen ganzen Winter lang in die Schule gehen.»

Das hilft, ja ein paar müssen laut herauslachen. Doch als der Fotograf wieder beim Apparat steht und den Druckknopf an der Schnur ergreift, sind alle ganz still, denn jetzt gilts ernst. Jedes nimmt sich zusammen, so gut das irgend möglich ist. Jedenfalls ich bin so still und steif dagestanden wie später nie mehr. Und die Augen habe ich aufgesperrt so weit das ging, wie man auf der Fotografie sehen kann.

Der Fotograf, die Hand am Druckknopf, die andere mit ausgestrecktem Finger erhoben, ruft: «Jetzt recht freund-

lich! Eins, zwei – willst du wohl stillstehen, du dort! – drei
… Gut. Aber jetzt muss ich noch eine zweite Platte machen
für den Fall, dass diese nicht geraten ist.»

Er nimmt die erste aus dem Apparat und trägt sie hinaus,
dann kommt er mit einer anderen zurück, und wir müssen
uns noch einmal in Positur stellen. Doch klappt alles bes-
tens, und wir sind froh, als es vorbei ist, denn fotografiert
werden macht müde und fast ein bisschen schwindlig. In
acht Tagen, sagt der Fotograf zum Lehrer, schicke er die
Muster, dann könnten wir sehen, wie wir dreinschauen, und
so viele Exemplare bestellen, wie wir wollten. Vom Preis hat
er nichts gesagt, aber wahrscheinlich hatte er den mit dem
Lehrer im Voraus abgemacht. Darauf gaben wir ihm noch
einmal die Hand, dankten und gingen hinaus, dieses Mal
still und leise.

Etwas hätte ich fast vergessen: Gerade neben der Türe
war an der Wand ein Kästchen, das in der Mitte einen Trich-
ter hatte und auf der Seite zwei kleine Trompeten, die an
Drähten hingen. Das sei ein Telefon, erklärte uns der Lehrer,
damit könne man mit Leuten reden, die weit, ja sehr weit
entfernt seien – was wir fast nicht glauben konnten. Wenn
aber jemand nachprüfen möchte, ob das auch wirklich wahr
ist, dann kann er auf der Fotografie nachschauen; da ist
auch das Telefon zu sehen.

Wir gingen darauf zur Deti hinunter zum ‹cafe›. Deti erwartete uns draussen auf der Treppe und führte uns in den
Saal im hintern Teil des Hauses. Es gab Milchkaffee, Brot,
Konfitüre und Käse – mehr als genug. Als wir uns satt gegoes-
sen hatten, wünschte Deti, dass wir noch ein paar Lieder
sängen, und wir sangen: «'s git wohl kei schönres Land als
üser Schwizerland», «Schön ist es auf Gottes Welt», «Bei ei-

nem Wirte wundermild» (romanische Lieder kannten wir damals nicht), und ich erinnere mich, wie Deti und den Ihren beim Zuhören die Tränen in die Augen traten.

Dann liess uns der Lehrer laufen, wohin wir wollten, und wir zogen im Dorf herum und sahen uns alles an. Natürlich gingen wir auch in die Läden hinein, um die paar Rappen auszugeben, die wir von zu Hause mitbekommen hatten. Die meisten kauften sich etwas zum Schlecken, ausser ein paar Mädchen, die sich farbige Bälle erstanden, prächtige Bälle in allen Farben.

Nachdem wir am Dorfende von Andeer noch den Rundbogen mit dem Bild des Postillons angeschaut hatten, machten wir uns auf den Heimweg und zogen über Zillis nach Munsulegl hinauf, wobei es unterwegs noch zur einen oder andern Begegnung kam. Es war fast Nacht, als wir zu Hause anlangten, todmüde, doch liessen wir es uns nicht nehmen, den Eltern noch dies und das von unseren erstaunlichen Erlebnissen zu berichten.

Man kann sich vorstellen, dass das eine lange Woche war, bis die Fotografien eintrafen. Wer wissen will, wie sie geraten sind, der kann sie heute noch in Munsulegl oben in vielen Stuben anschauen.

---

1 Pùnt Crap = steinerne Brücke
2 «Crusch alva» = «Weisses Kreuz»

Ein Weihnachtsabend

Das schönste Fest des Jahres ist für die Kinder ohne Zweifel Weihnachten, das Fest des Christbaums. In meiner Kinderzeit allerdings war das bei uns noch nicht der Brauch. Einmal, erinnere ich mich, sagte meine Tante: «Heute Abend ist ‹Chrischbaum› in Zillis unten», und als wir sie fragten, was das sei, erklärte sie uns ausführlich alles, und wir hörten zu und machten grosse Augen. Ein Tannenbaum mit leuchtenden Kerzen, und Geschenke! Nein, so etwas gabs bei uns nicht, weder in unserer Familie noch sonst irgendwo im Dorf. Doch war das für uns kein Unglück; die Sonne der Kinderzeit hat auch für uns geleuchtet.

Erst als ich etwa zehn bis zwölf Jahre alt war, bin ich an einer Christbaumfeier dabei gewesen, in Planbi[1], unserem Nachbardorf. Und das war eine der schönsten, die ich erlebt habe.

In jenen Jahren gab es in Planbi noch eine Schule mit zehn bis zwanzig Schülern. Der Lehrer, der damals unterrichtete, war jung und, wie sie sagten, sehr streng. Jedenfalls war er voller Tatendrang. Er hatte Leben ins Dorf gebracht und hatte es fertiggebracht, in der Kirche eine Weihnachtsfeier mit Christbaum durchzuführen.

Die grossen Schüler von Planbi, die jede zweite Woche zum Unterricht beim Pfarrer nach Munsulegl herüberkamen, wussten Grossartiges zu erzählen von dem Fest, das kommen sollte. Und natürlich hätte uns niemand zu Hause halten können an diesem Abend. «Um acht Uhr beginnts», hatten sie in der letzten Unterrichtsstunde vor Weihnachten gesagt.

Noch war nicht viel Schnee gefallen, aber eine Bise blies, die in die Fingernägel, in die Nase und in die Augen stach. Doch war das nicht der Rede wert, überhaupt nicht. Um sechs Uhr dreissig brachen wir auf, Buben und Mädchen und ein paar von den Älteren, eine rechte Schar. Die Strasse war gefroren, mit Eis bedeckt, und manchmal kam es vor, dass einer ausrutschte und hinfiel. Die Mädchen gingen ganz nah am Wegrand und hielten sich an den Zäunen, an Steinen oder Grasbüscheln, die aus dem Schnee hervorschauten, fest. Wir Buben waren damals in dem Alter, wo man nichts lieber macht, als die Mädchen zu erschrecken. Wir gingen voraus und versteckten uns hinter einem Geländebuckel, einem Felsklotz oder einer Tanne und erschreckten sie so, dass sie laute Schreie ausstiessen.

Doch dann im Wald von Artschains kurz vor Planbi war es so dunkel, dass auch die Tapfersten mit der Neckerei aufhörten und ganz still wurden. Man konnte ja nicht wissen, ob nicht doch Hexen auf den Tannen sassen und spannen oder ein Hexer auf dem Pferd daherkam oder plötzlich «igl butatsch cun îls»[2] – ein Nachtgespenst – auf die Strasse vor unsere Füsse rollte. Doch zum Glück geschah nichts dergleichen, was uns in unserem Zweifel, ob es solchen Spuk überhaupt gab, bestärkte. Als wir aus dem Wald traten, schlug uns eine Bise ins Gesicht, die den Schnee aufwirbelte und uns den Atem nahm. Aber irgendwie erreichten wir das Dorf. Doch war es erst sieben Uhr; es ging also noch eine ganze Stunde, bis es soweit war.

Was sollten wir tun? Im Freien bleiben und frieren? Unterschlupf suchen in einem Stall? «Wisst ihr was! Gehen wir hinauf zum ô Claudi und zur onda Netta.»

Gute Idee! Die ganze Schar drängte sich in die Stube der beiden Alten. Diese, beide achtzigjährig, waren zuerst überrascht, dann aber sichtbar erfreut über den unerwarteten Besuch. – Die Stube war sehr gross. An einem riesigen Ofen stand ein kleines Tischchen, darauf eine Petrollampe. Claudi war ein sehr kleines Männchen. Seine Pfeife hielt er mit seinen zwei letzten Zähnen fest, und damit sie ihm nicht aus dem Mund fiel, hatte er zuäusserst um das Mundstück Faden gewickelt. Doch seine Augen – schwarze, lebhafte Äuglein – schauten uns mit grosser Güte an. Onda Netta mit ihren weissen Haaren war voller Eifer.

«Meine Ärmsten! Habt ihr kalt? Sicher seid ihr fast erfroren. Kommt an den Ofen! So. Jetzt aber gehe ich und mache Kaffee, sonst friert ihr in der Kirche.»

Nur mit Mühe konnten wir sie davon abhalten, in die Küche hinauszugehen und Kaffee zu kochen.

«Dann halt, aber ein wenig Brot müsst ihr nehmen; nur: Birnbrot habe ich leider nicht, ihr müsst vorlieb nehmen mit dem, was ich habe.»

Sie ging zum Wandkasten, öffnete ihn und nahm einen riesigen Brotlaib und einen Topf heraus und brachte beides zum Tisch. Alle bekamen eine Brotschnitte mit Honig – Kastanienhonig, den sie von einem alten Italiener, der jeden Herbst am Berg seine Runde machte, gekauft hatte. Das kam von Herzen und schmeckte wahrscheinlich gerade deshalb so gut. Denn die beiden Alten, Bruder und Schwester, waren arm, müsst ihr wissen, und hatten vielleicht nur dieses Brot und diesen Honig, sonst nichts.

Dann begannen sie uns auszufragen. «Wem gehörst du? – und du? Und er dort? Und sie dort? – Ich dachte doch, dass du deiner Mutter gleichst, und deinem Grossvater; den habe ich gut gekannt, wir haben viele heitere Stunden miteinander verbracht!»

«Jetzt müsst ihr noch ein Lied singen.»

Das taten wir auch und sangen von Herzen, und die beiden Alten hörten zu. Onda Netta hatte Tränen in den Augen, und ô Clo musste sich ständig die Nase schnäuzen. Und sicher war auch das Christkind mit dabei in der Stube – jedenfalls bin ich heute davon überzeugt.

Fast hätten wir vergessen, warum wir nach Planbi gekommen waren, wenn nicht plötzlich vom Kirchturm die Glocken geläutet hätten: Ding, dang, ding, dang … Da sprangen wir rasch vom Ofen herunter, bedankten uns bei den beiden Alten – mitkommen wollten sie nicht, in der Kirche sei es zu kalt – und machten uns davon.

Die Gassen waren voller Menschen, Männer und Frauen, die Frauen so eingehüllt in Halstücher und Kappen, dass man sie nicht erkennen konnte. Alles strömte zur Kirche hinauf, wo Helle durch die offene Tür fiel, und die Männer – man konnte nur staunen – die Pfeifen aus dem Mund nahmen, bevor sie eintraten. Irgendwie schlüpften auch wir hinein.

Was für ein Glanz! Wie wunderbar! Auf dem Tauftisch stand ein grosser Christbaum mit brennenden Kerzen und leuchtenden Kugeln, die gewiss aus reinem Gold und Silber waren. Die Kirche war gestossen voll. Im Chor sassen die Burschen und Mädchen, in den kastenartigen Seitenbänken die Schüler. Der Lehrer und ein Schüler entzündeten eben mit Stöcken, an denen brennende Kerzen befestigt waren, die letzten Kerzen am Baum.

Dann kam der Herr Pfarrer – ein langer, hagerer Mann, der nie mit uns lachte und uns – mir jedenfalls – fast ein wenig Angst einflösste. Doch an diesem Abend hatte sogar er ein heiteres Gesicht.

Das Geläute verstummte, die Türe wurde geschlossen, die Spannung wuchs. Der Lehrer stimmte das erste Lied an, und die Gemeinde sang, ein jeder so gut er konnte. Ich weiss nicht mehr, was für ein Lied es war und wie es geklungen hat. Nur das, was dann folgte, ist mir im Gedächtnis geblieben. Die Schüler haben gesungen, dann der Gemischte Chor – über Erwarten klar und rein. (Sonst hiess es immer, dass die von Planbi kein Lied richtig singen könnten.) Man merkte, dass sie jetzt einen tüchtigen Lehrer und Dirigenten hatten. Von der Predigt, die auf Deutsch gehalten wurde, verstand ich so gut wie nichts. Mit dem Deutschen, vor allem dem Deutsch der Predigt, hatte ich damals meine liebe Not.

Aber was machte das aus! Unsere ganze Aufmerksamkeit war auf den Christbaum gerichtet. Was da alles an seinen Ästen hing – auch ‹bummas›[3] und Äpfel, die Lust zum Anbeissen machten. Und was war wohl in dem grossen Korb, der neben dem Tauftisch auf dem Boden stand und mit einem weissen Leintuch zugedeckt war? – Diese Predigt hätte auch etwas kürzer sein dürfen! Geduld. Geduld! Endlich war sie zu Ende.

Noch einmal sangen sie, wiederum tadellos. Und jetzt ging der Lehrer und nahm das Leintuch vom Wäschekorb, und die Mädchen kamen aus den Seitenbänken und jedes erhielt ein Päcklein. Dann waren die Buben an der Reihe. Wie sie lachten und sich freuten! Auch wir freuten uns mit, obwohl wir nichts bekommen hatten. Was für ein schöner Abend ist das gewesen!

Die Kerzen waren fast heruntergebrannt, als die Gemeinde die Kirche verliess.

Doch dann gab es auch für uns noch eine Überraschung. Vor der Kirchentür erwarteten uns unsere Freunde und Freundinnen von Planbi und liessen nicht locker, bis wir ihrer Einladung zum ‹cafe› Folge leisteten. Wir, ein paar Kameraden und ich, gingen zum ô Plasch. Kaffee tranken wir zwar nicht viel, doch liessen wir uns das ‹pàn cum uettas›,[4] das ‹pàn cum pera›[5] und die ‹petta fagascha›[6] schmecken. Und auch den ‹Rasoli›[7] haben wir versucht – selbstverständlich einen ‹Rasoli› für Kinder. – Wirklich, das ist ein wunderbarer Abend gewesen!

Es war schon spät, als wir uns unter einem klaren Himmel auf den Heimweg machten. Die Kälte hatte nachgelassen, oder wir spürten sie nicht mehr. Am Dorfende riefen wir noch den ô Claudi und die onda Netta ans Fenster und wünschten ihnen eine gute Nacht und frohe Weihnachtstage.

Der Mond und tausend Sterne leuchteten auf unserem Weg, und ein grosses Glück war eingekehrt in unsere Herzen.

---

1 Planbi = Lon
2 «Crusch alva» = «Weisses Kreuz»
3 ‹bummas› = ‹Guetzli› oder Kekse
4 pàn cum uettas = Rosinenbrot
5 pàn cum pera = Birnbrot
6 petta fagascha = Hefekuchen
7 Rasoli = ‹Röteli›, ein Kirschenlikör

Meine Geige

Meine Geige ist wohl das kostbarste Erbe, das ich von meinem Vater habe. Doch ist «Erbe» vielleicht nicht das richtige Wort. Er hat sie mir übergeben, als ich ein Bub von elf Jahren war. Er hatte in Chur, als er im Seminar war, gelernt, Geige zu spielen – nicht Klavier (denn damals wurde in der Lehrerausbildung noch die Geige bevorzugt – mit Recht!).

Es ist, so scheint mir, erwähnenswert, wie mein Vater zu seiner Geige gekommen ist. Es war am Anfang seiner Zeit an der Kantonsschule. Als er eines Tages über die Wiesen zum Rhein hinunterschlenderte, fand er in einer gedüngten Wiese einen kleinen, lädierten Geldbeutel. Er hob ihn auf, öffnete ihn und entdeckte darin ein Goldstück, einen «Napoleon». So ein Glück! Zwar wusste mein Vater – er war bereits über zwanzig Jahre alt –, was er zu tun hatte und setzte den Fund in die Zeitung. Doch als sich niemand meldete, kaufte er damit das Instrument, das er anschaffen sollte und das gerade ausgeschrieben war, mit allem Zubehör: Bogen, Kolophon und Kasten, einem Kasten aus Karton. Und dieses war von nun an «seine» Geige, die ihm als Seminarist und Lehrer gedient hat. Dann ging sie in meinen Besitz über, wo sie heute noch ist, und verkäuflich ist sie mir nicht, heute weniger denn je.

Meine frühesten Erinnerungen an die Geige sind wie ein Traum, ein Traum voller Licht und Seligkeit. Solange wir klein waren, spielte der Vater nur selten darauf. Sie ruhte im

Kasten im oberen Hausflur, im Kleiderkasten des Ururgross-
vaters. Nur vielleicht einmal im Jahr, wenn er besonders gut
aufgelegt war und wir ihm keine Ruhe liessen, holte er sie
herunter und spielte seine alten Tänze und Lieder. Und wir,
die Kinder und die Mutter, hörten mit grösster Freude zu,
und manchmal erschienen auch die Nachbarn und lauschten. – Wenn auch der ‹surmestaret›[1] im Dorf nicht gerade
hoch in Geltung stand, so erweckte sein Geigenspiel doch einen gewissen Respekt. Denn damals war die Geige noch das
wichtigste Musikinstrument im Dorf – nicht zu vergleichen
mit den paar Mundorgeln –, und auch der Hinterste und
Letzte spürte, dass sie etwas Besonderes war.

Gelegentlich kam es vor, dass der Vater nachgab und an
einer Hochzeit oder an einem Ball der Dorfjugend spielte.
Sie mussten allerdings lange genug bitten, fast auf den
Knien, bis er zusagte. Aber wenn er dann einmal auf seinem
Posten war und zu spielen begann, dann kam er in Schwung
und spielte, dass die Melodien nur so hervorsprudelten,
munter, klar und funkelnd wie die Bergquellen.

Was mich betraf, so fand ich keine Ruhe mehr. Tag und
Nacht dachte ich an die Geige des Vaters. In meinen Träu-
men war ich bereits so weit, dass ich alle Tänze und Lieder
spielen konnte, die ich von ihm gehört hatte. Und natürlich
liess ich nicht locker und bat immer wieder, dass er mir zeigen solle, wie man sie spielt. Dass ich noch zu klein sei, dass
meine Finger zu kurz seien, war während langer Zeit die
Antwort. Bis ich ihn endlich einmal in der richtigen Stim-
mung erwischte – ich war etwa zehn oder elf Jahre alt. Da
zeigte er mir, wie ich das Instrument halten müsse, und spielte mir das Do-re-mi vor, doch hielt er die Geige nicht so, wie
man sollte, und den Bogen ergriff er in der Mitte statt zuäus-

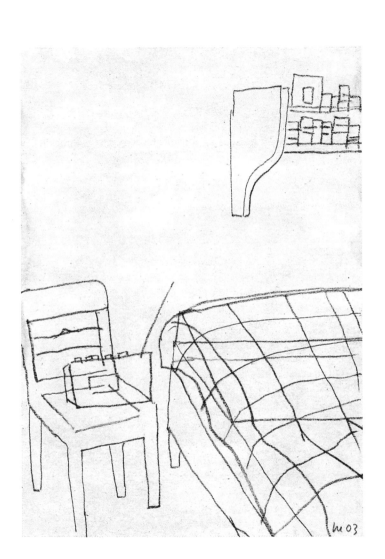

Menga Dolf, «… auch Geige»

serst, aber es ging auch so. Von diesem Unterricht sind mir vor allem zwei Dinge in Erinnerung geblieben: mit der Bogen-Hand eine Katzenpfote zu machen – das habe ihm der Professor Held gezeigt – und die ausgestreckten Finger nicht auf die Saiten zu legen.

Von da an war die Geige nie mehr droben im Schrank. Wann immer möglich, war ich am Spielen. Wie das am Anfang getönt hat, kann man sich vorstellen. Das war ein Gekratz und Gekreisch, dass alle aus der Stube flohen. Nur die Mutter sagte nichts, und manchmal sah sie mich an und hatte einen eigenartigen Schimmer in den Augen.

An einem Morgen – ich erinnere mich, als wäre es gestern gewesen – war ich aufgestanden und im Nachthemd durch die Falltüre hinabgestiegen und hatte begonnen, auf meiner Geige zu kratzen. Da, auf einmal, kam mit einem Sprung auch mein Bruder herab, ebenfalls im Nachthemd: «Wenn du jetzt mit dieser Kratzerei aufhörst, ist es gut – sonst wehe dir und deiner Geige!» Und schon war er über mich hergefallen, während ich verzweifelt versuchte, mein kostbares Gut in die Höhe zu halten und so zu retten. Zum Glück hatte die Mutter in der Küche den Lärm gehört und kam mir – und meiner Geige – zu Hilfe. Da sieht man, wie der Weg zur Meisterschaft dornig sein kann.

Doch aller Spott und Hohn konnten nichts ausrichten. Ich liess nicht locker mit meinen Versuchen – bis das Gekratz endlich aufhörte und die Finger den richtigen Ort auf den Saiten fanden und die Töne anfingen, klar und rein zu klingen. Wie das gekommen ist, ist schwer zu sagen, aber eines Tages war es so weit, und ich war glücklich wie ein König. Bald konnte ich auch das erste Lied spielen. Jetzt hörten die Spöttereien auf, und die Geschwister schauten mich mit verwunderten Augen an, doch nur die Mutter sah tiefer und spürte, dass bei mir etwas Eigenes gereift und zum Ziel gekommen war. Ich sehe noch, wie sie eines Tages, als ich allein in der Stube war und spielte, aus der Küche kam und unter der Türe stehen blieb, um zu lauschen.

Der Vater sagte wenig. Als er sah, dass ich anfing, Tänze zu spielen, spielte er mir hie und da einen vor. Die Tänze machten mir mehr Mühe. Zuerst gelang mir der «Walzer des Lutta» – Lutta, ein Seminarkollege, hatte ihn dem Vater gezeigt –, dann begannen allmählich auch die andern zu klingen, sogar der «mit dem hüpfenden Bogen» und die «Mazurka auf drei Saiten». Das brauchte allerdings seine Zeit, und es wäre ein Irrtum, wenn der geneigte Leser annähme, ich hätte rasche Fortschritte gemacht. Es dauerte mindestens ein Jahr, bis es so weit war. Nur: erzählt ist eben alles viel schneller.

Ein Ereignis aus jener Zeit muss ich noch erwähnen: Damals lebte noch der Jerg, der Korbmacher, Dachdecker und Geigenspieler war und in Scarvens unten wohnte, oberhalb von Casti. Manchmal kam er mit Körben nach Munsulegl herauf. Er war ein alter Mann, deutschsprachig von Geburt, der kaum romanisch sprach und meistens auf Deutsch Antwort gab. Wenn ihn jemand fragte, wie alt er sei, antwortete er: «Anno einazwänzig (1821) bini gebora, jätz könnandar usrechna.» Als er eines Tages bei uns vorbeikam und die Geige sah, bat er, darauf spielen zu dürfen, was ihm mit seinen ungelenken Fingern mehr schlecht als recht gelang. Er begann immer wieder mit der gleichen Melodie, kam aber jedes Mal nur ein Stück weit. Wir Kinder konnten das Lachen fast nicht verbeissen. Um aus der heiklen Situation herauszukommen, sagte meine ältere Schwester, dass ich auch spielen könne. Da machte der Jerg grosse Augen und wollte etwas von mir hören, und ich spielte, so gut ich konnte, einen meiner Tänze. Darauf der Jerg, mit Würde: «Das git a guata Spielma, das gsiet ma grad da Fingra'n a.» – Darüber haben wir noch oft gelacht.

Ich war bereits ein grösserer Schüler und einen Winter in Zillis unten in die Schule gegangen, als ich das erste Mal vor Publikum spielte. Ich war mit dem Vieh auf der Weide, als mich ein paar Mitschülerinnen, die bei einer Kameradin in Munsulegl auf Besuch waren, rufen liessen: Ich solle herunterkommen und zum Tanz aufspielen! Das kam sehr unerwartet, und es brauchte ziemlich viel, bis ich mich bewegen liess, aber schliesslich habe ich nachgegeben und bin gegangen und mit meiner Geige unter dem Arm in die Stube eingetreten, wo mich lauter Jubel empfing. So ist das, dachte ich, sonst fragt ihr auch nicht viel nach mir, und begann eher widerwillig zu spielen. Doch ging es nicht lang und ich wurde von ihrer Freude angesteckt, das Eis schmolz, und in mir begann es zu jubilieren wie in den Herzen der Tänzerinnen. Was für ein heiterer Sonntag ist das gewesen; ja, von jetzt an musste ich mich nicht mehr über mangelnde Aufmerksamkeit beklagen.

*

Noch im gleichen Jahr, an einem Septembervormittag, sassen mein Vater und ich in der Stube, bereit zum Aufbruch. Seit langem war dem Vater klar, dass ich die Familientradition bewahren und Schulmeister werden müsse, und jetzt war die Stunde gekommen, wo es nach Chur an die Kantonsschule aufzubrechen galt. Ich hatte als einziges Gepäckstück den Kasten zu tragen, der die Geige enthielt – mein einziger Trost in der schweren Stunde des Abschieds. Wie damals, als wir nach Calantgil gewandert waren, schauten uns die Leute überall, wo wir hindurchzogen, nach: dem kleinen Mann mit dem Stock und dem Regenschirm und einem Packen unter dem Arm und dem Buben mit seinem riesigen Geigenkasten. Gegen Abend, als wir in Chur ankamen, gingen wir gleich zur Tante Fida hinauf. «So ein flotter Bub», sagte sie, «will ins Seminar und nimmt auch gleich die Geige mit.»

Wir tranken dann Kaffee und mussten von Munsulegl erzählen – alles, was sich dort zugetragen hatte. Dann begleitete mich der Vater ins Konvikt hinauf, und am nächsten Tag begann das Examen. Von diesem ist mir der Vormittag in Erinnerung geblieben, als ich vom Professor mit dem schwarzen Bart in Deutsch geprüft wurde. Er war sehr zufrieden mit mir, und die Freundschaft, die mich seitdem mit ihm verbindet, hat bis heute gehalten, obgleich sein Bart inzwischen weiss geworden ist und meiner grau. Auch sonst ging alles glatt, und ich bin ohne Schwierigkeiten in die zweite Klasse eingetreten.

Ich konnte es natürlich kaum erwarten, bis die Geigenstunden begannen, aber es schien, als denke niemand daran. Es ging sicher vierzehn Tage, bis wir endlich aufgefordert wurden, mit unsern Instrumenten in die Aula hinunterzugehen (und immer noch herrsche der alte Schlendrian!). Wir waren nur zu dritt, einer von Klosters im Prättigau, der Hans, einer vom Heinzenberg, der lange Otto, und ich. Dort empfing uns ein kleines, schmächtiges Männlein, ein richtiger Knirps. Als er fragte, wer schon spielen könne, meldete ich mich und war bereit, mit Zittern und Zagen ein Lied oder einen Tanz vorzuspielen, doch wollte der Gesell gar nichts hören. Stattdessen nahm er unsere Instrumente und probierte sie aus. Sapperlot, wie der meine Geige hielt! Ganz anders, als ich es gewohnt war – gradaus, und den Bogen hielt er zuäusserst und strich damit auf und ab und liess die Finger springen, dass man staunen musste. Zwar kann ich nicht sagen, dass er etwas Schönes spielte, aber einen gewissen Respekt hat er uns damit ohne Zweifel eingeflösst. Zu meiner Geige sagte er kein Wort, was mich ein wenig verstimmte, doch habe ich ihm später, als er mit den Stunden begonnen hatte, verziehen, und wir sind während der folgenden vier Jahre gute Freunde geworden.

Begreiflich, dass es für mich nicht einfach war, zu lernen, Geige und Bogen richtig zu halten und nach Noten zu spielen. Aber es musste sein, und mit der Zeit gelang es zu meiner Freude immer besser. Am liebsten aber waren mir immer noch meine Tänze, die ich nur spielte, wenn ich allein war im kleinen Übungszimmer und Trost suchte in meinem Heimweh nach Munsulegl und meinem Hirtenleben. – Wer sonst hätte mich trösten können als meine Geige?

Im zweiten Jahr ist dann noch einer in unsere Klasse eingetreten, der Geige spielen konnte: der Christli, der aus dem Appenzellischen kam. Wir begannen, zusammen zu spielen, mit und ohne Noten. Mit Noten konnte er besser spielen, ohne ich, doch mit der Zeit hat sich das ausgeglichen und wir wurden überall im Konvikt als flotte Musikanten bekannt. Unsere Kameraden machten sich das zunutze, und wenn sie glaubten, dass Gisep, unser Konviktvater, abwesend war, forderten sie uns auf, im oberen Hausflur zu spielen, und dann tanzten sie dazu wie die Wilden. Doch es kam, wie es kommen musste: eines Tages hat uns Gisep erwischt und hat geschimpft, aber mit Mass – was uns nicht entging und Folgen haben sollte.

So sind die drei ersten Jahre in Chur vergangen, und ich habe mit meinem Geigenspiel ordentliche Fortschritte gemacht.

In den Ferien nahm ich die Geige, meine unentbehrliche Begleiterin, jeweils nach Hause mit. Nun hatten sie damals in Munsulegl oben einen Lehrer, Hans, einen kleinen, älteren, originellen Mann, der auch Geige spielen konnte. Wir hatten bald Freundschaft geschlossen. Er brauchte seine Geige in der Schule, aber kannte auch eine ansehnliche Zahl von Tänzen, zu einem sogar einen Vers, welcher lautete:

Tei âs diamantas a perlas,
tei âs egn beal tschupi,
tei âs blearas muias a stearlas!
Mieus cor, tge vol tei dapli?[2]

Es war selbstverständlich, dass wir bald miteinander zu spielen begannen: er die erste, ich die zweite Geige, und das klang zu unserer Freude recht gut, was nicht unbemerkt blieb. Jedes Mal, wenn eine Probe des gemischten Chors zu Ende war, stellten die Sänger hinten in der Schulstube die Bänke aufeinander und machten so Platz fürs Tanzen. Dann gings los, mit Walzern, mit Polka, mit Mazurka und Schottisch, bis Mitternacht. – Nein, von einer Entweihung der Schulstube konnte keine Rede sein, denn dies war ein echtes und berechtigtes Vergnügen der Dorfgemeinschaft.

Am Silvesterabend sangen wir in den Strassen und Gassen von Munsulegl. Dann, wenn der Rundgang zu Ende war, etwa um zehn Uhr, kam Vargistagn an die Reihe, denn im

Chor waren auch Sängerinnen und Sänger von Vargistagn, die zu den Proben herüberkamen. – Es war während meinem letzten Schuljahr in Chur, als man beschloss, nach dem Neujahrssingen in Vargistagn einen Ball durchzuführen. Wer aufzuspielen hatte, war bald entschieden. Und so sah denn die Silvesternacht bei klarem Wetter und gestirntem Himmel eine grosse Gesellschaft auf dem Weg durch die Schneemassen des Bual über die Rüfe nach Vargistagn hinüberziehen. Ich trug meine Geige im Kasten mit, während der Schulmeister Hans die seine einfach unter den Arm geklemmt hatte. Die Tannen in ihrem leuchtenden Schneegewand neigten sich zu uns herab und grüssten uns, und der Bach von Flimegl und der von Vargistagn rauschten stärker unter dem Eis als sonst – als hörten sie bereits den Ruf des Frühlings …

In Vargistagn haben wir zuerst gesungen, dann in den verschiedenen Häusern Kaffee getrunken. Die Tische vermochten ihre Last fast nicht zu tragen: kleine und grosse Birnbrote, Kuchen und Torten, Würste und was weiss ich noch alles. Und zum Abschluss natürlich der ‹Rasoli›, der uns Mut zum Tanzen machte!

Der Ball wurde im Haus des Lemann abgehalten, das damals leer stand. Es ging dabei sehr vergnügt, ja ausgelassen zu, wie immer an unsern Bällen. Um ehrlich zu sein: fast lieber hätte ich selber getanzt als Geige gespielt. Denn ich hatte – heute kann ichs ja zugeben – ein Auge auf ein Mädchen geworfen, und es war eine rechte Qual für mich, zusehen zu müssen, wie sie die ganze Nacht mit anderen tanzte. Ich liess kein Auge von ihr, und manchmal schenkte auch sie mir einen Blick, und was für einen! Dann jauchzte meine Geige. Und wenn der Schulmeister Hans den Walzer von den «Dia-

manten und Perlen, dem Kranz und den Rindern» spielte,
dann sah ich nur die Diamanten und Perlen ... – was küm-
merten mich die Rinder? Endlich aber spielte mein Kamerad
dann ein paar Mal auch «solo», und ich hatte Gelegenheit
zu ein paar Runden mit meinem Schatz.

Erst als es Tag wurde, war der Ball zu Ende. Der Murezzi,
einer der älteren, verheirateten Tänzer, der die ganze Nacht
dabei gewesen war, hatte sich derart über mein Geigenspiel
gefreut, dass er mir unbedingt einen halben Franken geben
wollte, und um ihn nicht zu kränken, habe ich ihn schliesslich auch genommen. – Das war das erste und letzte Mal,
dass ich auf einem Tanzboden mit meinem Geigenspiel etwas verdient habe.

*

In meinem letzten Churer Schuljahr gab es eine Verände-
rung. Ich bin meiner alten Freundin, meiner Geige, untreu
geworden. – Es ist kaum zu begreifen, aber so geht es zu in
der Welt. Es gibt Momente im Leben, wo der Mensch – aus
Blindheit und einem gewissen Ehrgeiz heraus – sich selbst
vergisst und jene verleugnet, die seine aufrichtigsten und
treuesten Freunde gewesen sind. Nichts von all dem, was
bisher wert hatte, ist mehr gut genug, bis einem eines Tages
wieder die Augen geöffnet werden. – So ging es auch mir mit
meiner Geige.

Im Herbst, am Anfang des letzten Schuljahres, erschienen
in der Geigenstunde zwei Mädchen, beide hübsch und munter, ebenfalls Schülerinnen des Seminars. Eine spielte Geige,
so gut es ging, die andere Klavier. Doch was hatte die für eine Geige! – ein Instrument, das regelrecht funkelte und einen

viel kräftigeren Klang hatte als meines; der Bogen war na-
gelneu und der Geigenkasten tiefschwarz und innen mit ro-
tem Samt ausgeschlagen. Und ich begann, mich meiner armen alten Geige zu schämen, wegen ihrer Flecken, ihres
schwachen Klangs und wegen der Schraube aus Eschenholz,
die der Michalet in Calantgil angefertigt hatte. Und erst
mein armseliger, abgenutzter Geigenkasten! Ich war damals
in dem Alter, wo man gern Eindruck macht und zeigt, was
man hat und wer man ist. Darum befriedigte mich meine
Geige nicht mehr – in keiner Weise; sie musste unbedingt
durch eine neue ersetzt werden. Ich schrieb dem Vater, doch
der wollte davon nichts wissen; er habe jetzt kein Geld, um
teure Instrumente zu kaufen. Unsere Geige tue ihren Dienst,
ja mehr als das. Doch dann kamen die Ferien, und ich liess
ihm keine Ruhe – bis er nachgab. Dass ich die alte Geige ein-
tauschen und den Rest draufzahlen werde, sagte ich, doch
das kam nicht in Frage. «Nein, mein Sohn», sagte der Vater.
«Meine Geige gebe ich nicht fort; du kannst eine neue kaufen, ich werde sie bezahlen.»

So kaufte ich mir nach den Ferien mit nicht ganz unge-
trübter Freude eine neue Geige, dazu einen schönen Kasten
und einen Bogen, alles zusammen für achtzig Franken.
Selbstverständlich war ich überzeugt, dass das neue Instrument viel besser sei als das alte, das ich zu Hause gelassen
hatte, wo es nun ruhen durfte – und in Vergessenheit geriet.
Die Hauptsache war: Ich konnte damit imponieren.

Eine Ehre allerdings habe ich meiner alten Geige noch er-
wiesen, ohne von all dem, was dann geschehen sollte, etwas
zu ahnen. – Eines Tages brachte Gioder, mein Freund aus
Ilanz, ein ausgezeichneter Pianist, Notenblätter für Geige
und Klavier mit nach Chur, Stücke der grossen Komponisten

Bach, Händel, Beethoven und Schubert. Ich kannte damals diese Musik noch nicht und hatte auch noch nie mit Klavierbegleitung gespielt. Ob ich nicht versuchen wolle, eines davon zu spielen, eins von den leichteren? Wir haben es dann probiert – das «Largo» von Händel. Das war etwas ganz Neues und unerhört Schönes für mich – eine Erfahrung, die sich mir tief und für immer eingeprägt hat. Eine neue Welt eröffnete sich mir, eine Welt voll wunderbarer Harmonie, in der ich noch viele Male Zuflucht finden sollte. Gioder und ich haben dann noch oft miteinander gespielt. Ich bin auch bei ihm in Ilanz gewesen und habe im Kreis der Seinen – einer musikalischen Familie – beim Musizieren manche schöne Stunde erlebt. Später, als ich ein eigenes Klavier hatte, kam Gioder auch zu mir ins Schams. – Ja, das war noch meine alte Geige gewesen, die mir geholfen hat, den Zugang ins Reich der klassischen Musik zu finden.

Doch muss ich – um ehrlich zu sein – anfügen, dass mir auch meine neue Geige eine treue Begleiterin war, während fast drei Jahrzehnten. Auch von uns beiden gäbe es einiges zu berichten – Frohes und Trauriges –, doch will ich das jetzt bleiben lassen und stattdessen erzählen, wie ich wieder zu meiner alten Geige gekommen bin, der Gefährtin meiner Jugend.

Im Sommer, den ich seit einigen Jahren zu Hause verbringen kann, kommt es vor, dass die Zeit für die Meinen manchmal etwas lang wird, besonders an Regentagen und an den Abenden. Es war an einem dieser Tage, dass mir, plötzlich und unerwartet, meine alte Geige wieder in den Sinn kam. Wo sie wohl ist und in was für einem Zustand?, fragte ich mich. Mein Vater, der damals noch lebte, meinte, sie sei im Schrank im oberen Hausflur. Doch dort war sie nicht. Endlich fand ich sie im hinteren Zimmer – auf einer Truhe, ganz mit Staub bedeckt. Mit seltsamen Gefühlen habe ich den Geigenkasten aufgemacht. Und da lag sie, die treue alte Gefährtin; alle Saiten waren zerrissen und der Steg war umgefallen, doch der Korpus war intakt und unversehrt.

Du arme Verlassene, sagte ich zu mir selber. Wir werden dich wieder in Stand setzen und zu Ehren bringen; deine Seele wecken, welche so viele Jahre geruht hat.

Ich bestellte Saiten und einen Bogen und habe sie mit Sorgfalt repariert. Das erste Mal, als ich wieder auf ihr spielte, war eine festliche Stunde für mich und für uns alle, meine Frau, die Kinder und für meinen Vater. Ich spielte die alten Lieder und Tänze. Wir waren tief bewegt, vielleicht am meisten mein Vater. Was für eine Freude für ihn, noch einmal seine Geige zu hören, zu sehen, wie sie wieder zu Ehren kam! Ja, er hat sogar selber versucht, ob er noch spielen könne, und es ging recht gut. Voller Staunen sahen die Kinder, wie der Grossvater noch zu musizieren verstand, und jauchzten vor Freude. Auch ich war erstaunt, aber über etwas anderes. Was für einen feinen, sanften Ton hatte das Instrument! War das die Geige, die ich einmal auf die Seite gelegt hatte? Aus Blindheit! Es war wirklich dieselbe! Und alles, was einmal meine Gedanken versucht hatte, war wie weggeblasen. Eine tiefe Freude, wie man sie selten verspürt, erfüllte mich. Meine alte Geige war ein wunderbares Instrument. – Wie lang geht es oft im Leben, bis man erkennt, was wirklich Wert hat.

1 Planbi = Lon

2 «Du hast Diamanten und Perlen,
  du hast einen prächtigen Kranz,
  du hast viele Rinder und Fardeln [grössere Kälber].
  Mein Herz, was willst du noch mehr?»

Mein Onkel Linard

Mein Onkel Linard ist gestorben, als ich ein Knirps war, doch kann ich mich noch sehr gut an ihn erinnern. Nicht, dass wir enge Freunde gewesen wären. Etwas Gegensätzliches in unseren Naturen liess uns eine gewisse Distanz nicht überwinden.

Er war klein von Gestalt, gedrungen, doch voller Temperament. Seine Augen konnten funkeln, wenn er zornig war, aber auch gütig strahlen, wenn er gut aufgelegt war. Arbeitsam über alle Massen, war er mit mir nicht zufrieden, weil ich seiner Meinung nach nicht fleissig genug war. Da gefiel ihm mein Bruder besser, der ihm auf Schritt und Tritt folgte – in den Stall hinunter, in die Scheune hinauf, zum Scheitstock hinüber, überallhin. Ja, der Onkel Linard, der ein sparsamer Mensch war und keinen Rappen ohne Grund ausgab, hatte ihm ein Beil gekauft, damit er üben könne, Holz zu spalten.

«Der wohl, aus dem könnte noch etwas werden, aber der andere, der nur das Spielen im Sinn hat und den Kopf in den Büchern, bevor er richtig lesen kann – das gibt keinen Bauern für unsere Berge.»

Onkel Linard war Junggeselle und wohnte mit seiner Schwester zusammen, unserer Tante Freana. Mit ihr kam ich besser aus als mit ihm. Sie kannte eine grosse Zahl alter Lieder und Geschichten, die sie gern und unermüdlich vortrug. Ihr zuzuhören gefiel mir viel besser als Holz zu spalten und im Stall zu helfen. Der Onkel brummte oft, wenn er sah, wie die Tante, mitten in einer Kinderschar sitzend, erzählte und sang: «Nichts als Liedlein, nichts als Geschichtlein.» Doch war er nicht immer so massleidig gewesen. Erst später, als er bereits im Grab ruhte, habe ich das erfahren.

Die beiden Alten hatten eine kleine Landwirtschaft, ein wenig Grossvieh und ein wenig Kleinvieh, und brachten sich durch, so gut es ging. Sie waren die Ältesten von vielen Geschwistern und waren beide in der ersten Hälfte des letzten Jahrhunderts geboren. Mit fünfzehn Jahren musste der Linardet ein Handwerk lernen. Sein Lehrmeister war der «Hrest lung»[1] in Andeer unten, der damals der bekannteste Schuhmacher im Tal war. Er war ein ausgezeichneter Handwerker, doch mit den Lehrlingen ein rechter Grobian. Für nichts und wieder nichts teilte er Schläge aus – mit einem Riemen, der schmerzend auf den Rücken und um die Ohren fuhr. Auch «Nad», wie mein Onkel von einigen genannt wurde, hat seinen Teil abbekommen. Aber beklagt habe er sich nie, wenn er am Sonntag nach Hause kam, sonst hätte es auch zu Hause noch Schläge abgesetzt.

Jedenfalls hat der Linard seine zwei Lehrjahre durchgestanden, hat Schläge eingesteckt und manchmal auch gehungert, denn die Frau des Hrest war überaus sparsam, machte dünne Suppen und geizte mit der Butter, die sie über die ‹pizzocals› goss.

Ob er seine Lehre als reisender Gesell fortgesetzt hat, weiss ich nicht, jedenfalls ist er ein ausgezeichneter Schuhmacher geworden und hatte als Stör-Handwerker einen ordentlichen Verdienst.

Linard war damals ein flotter und aufgeweckter Bursche. Obwohl er klein war, war er überaus kräftig. Die grössten Kerle hatten Respekt vor ihm. Er war ein Draufgänger, hatte

Fäuste, die, wenn es nötig war, dreinschlagen konnten. Doch in der ‹cumpagneia›[2] hatte man ihn gern, denn er war ein Spassvogel, der Spässe kannte, dass man aus dem Lachen nicht herauskam. Er konnte sogar Reime schmieden und war ein Sänger, der eine Stimme hatte wie eine Orgel. Doch wusste er in allem Mass zu halten.

Als der Nad ein junger Mann war, hatten die Dorfbewohner einen heftigen Streit wegen des Brunnenwassers, der zur gegenseitigen Feindschaft ausartete. Da der Gegenpartei meines Grossvaters die guten Gründe fehlten, machten sie ab – sie waren sehr zahlreich –, sich in einer Gemeindeversammlung mit Prügeln zu behelfen. Doch kam das den Unsrigen zu Gehör. Zwar hat sich der Nad bis jetzt nicht um den Streit gekümmert, doch als er das vernimmt, verspricht er, wenn es nötig werden sollte, zu Hilfe zu kommen. Die Versammlung ist im Schulhaus, und er wartet draussen, bis sie ihn rufen. Als er im entscheidenden Moment die Tür öffnet und hineingeht, sind die Galgenvögel überrascht und wagen nicht, ihr Vorhaben auszuführen. – «Infamer kleiner Schuhflicker», soll einer zu ihm gesagt haben, als sie nach Hause gingen.

Ein anderes Mal war er vor Gericht geladen. Nein, er hatte nichts angestellt, aber er musste als Zeuge Rede und Antwort stehen. Da sassen die gescheiten Herren Richter und ein paar Advokaten und begannen ihn auszufragen. Was er von der Sache wusste, erzählte er redlich und gab Antwort auf einen ganzen Haufen Fragen. Doch als die Gesellen immer mehr und noch mehr wissen wollten, und einer von ihnen Fragen stellte, die ein ehrlicher Mensch nicht beantworten konnte, ohne sich in Widersprüche zu verwickeln, lässt Linard seinem aufgestauten Zorn freien Lauf. Er stampft auf und geht hinüber und hält dem Advokaten die Faust vors Gesicht: «Genug ist genug, du Teufelsadvokat, pass auf, dass ich dir nicht die Zähne einschlage!» Das hat geholfen. «Ja, es ist genug Linard», sagte der Präsident mit einem Lächeln auf den Lippen, «du kannst jetzt gehen.» Und Linard ist gegangen, und sie haben ihn nicht mehr vorgeladen. Aber noch Jahre später konnte er wütend werden, wenn er von jenem Advokaten erzählte. Zum Glück ist er ihm nicht mehr begegnet.

Der Grossvater hatte beim Christa, dem Müller von Cadagn unterhalb von Donat, eine Spreumühle machen lassen, die wir heute noch besitzen. Das war ein Gewaltskasten, der auf den Strassen, so wie sie damals waren, fast nicht den Schamserberg hinaufzubringen war. Wie mach ich das am besten?, überlegte der Grossvater hin und her. Da, eines Morgens, als er in die Scheune hinübergeht, steht dort die Streumühle, neu und rundum intakt. Was war geschehen? Der Linard war am Abend spät nach Cadagn hinuntergegangen und hatte sie genommen und mit aller Vorsicht den Berg hinaufgetragen. «Was für ein Mordskerl!», sagte der Grossvater.

Und das waren nicht die einzigen Bravuren, die Linard vollbracht hat. Doch wollen wir es dabei bewenden lassen.

Als er etwas über dreissig Jahre alt war, musste er das Handwerk des Schuhmachers aufgeben. Eine seiner Hände war steif geworden, fast lahm. Vielleicht wegen seiner Arbeit, wer weiss warum? Doch war er nicht einer von denen, die den Kopf hängen liessen. Er suchte eine Stelle als Knecht und fand eine bei einem grossen Bauern am Heinzenberg. Dort blieb er ein paar Jahre, doch, dann kam er unerwartet wieder nach Hause zurück. Warum? Der Bauer, der sehr reich war – im Übrigen als aufrecht und solid bekannt – hatte eine Tochter, die jung und hübsch war und an dem flinken Knechtlein, das auch zu spassen und zu singen verstand, Gefallen gefunden hatte. Nicht, dass sie sich hinter dem Rücken des Alten etwas Unrechtes erlaubt hätten, doch hatte der Augen im Kopf, und zwei junge Menschen, die verliebt sind, haben das nicht. Und um die Angelegenheit nicht zu weit kommen zu lassen, sagte er eines Tages zum Linard: «Du bist ein flotter Bursche und ein ausgezeichneter Knecht, doch für meine Tochter kommst du nicht in Frage – da bist du nicht der rechte Mann.». Mehr musste er nicht sagen. Der arme Linard hat sein Bündel geschnürt und ist heimgekommen. – Nicht, dass er das selbst jemandem erzählt hätte. Nein, die Schamserberger schweigen, tragen und überwinden ihr Leid, wenn, sie können, oder nehmen es später mit ins Grab. Aber wie es so geht: Jemand war dahintergekommen und hatte es ausgebracht.

Von da an hatte mein Onkel Linard Spass und Gesang vergessen und nahm nicht mehr teil an fröhlichen Gesellschaften, mit seltenen Ausnahmen. Hie und da, etwa wenn die ‹cumpagneia› das Fest des Stephanstages mit seinem Aufnahmeverfahren vorbereitete, liess er sich bitten und ging auch. Und für ein paar Stunden brach sein Humor wieder hervor, und er vollführte Sprünge und Hopser, dass allen vor Lachen die Tränen kamen. Und auch die Quelle der Lieder begann wieder zu fliessen und zu funkeln. Doch wenn er das Lied der Rosina sang und zur Strophe kam:

«Tge tresta spartgida
pudess quai vagnir,
pudess angual uss
an tia bratscha murir!»[3],

wurde er traurig und die, die ihm zuhörten, mit ihm. Dann trank er seinen Wein aus und ging nach Hause.

Als bald nach seiner Rückkehr vom Heinzenberg der Grossvater starb, übernahm er den kleinen Betrieb und Viehbestand. Die anderen Geschwister waren, mit Ausnahme der Tante Freana, fortgezogen; mein Vater, der jüngste, war Schulmeister geworden. So vergingen die Jahre. Der Onkel Linard arbeitete als Bauer und mühte sich ab, vom Morgen früh bis zum Abend spät. Im August war er bei Tagesanbruch zuoberst auf den Bergwiesen. Gegen Mittag kam dann die Tante Freana mit dem Fuhrwerk. Am späten Abend, ja meistens war es schon Nacht, kehrten sie mit ihrem kleinen Heufuder wieder ins Dorf zurück. Noch heute kann man zuhinterst auf den Halden vom Runal, gerade über Funtànas Fredas in einer Vertiefung, einen Dengelstock aus Lärchenholz finden, den der Onkel von Maton aus hinaufgetragen hatte.

Mein Onkel Linard war nicht nur arbeitsam, er war auch sehr hilfsbereit – immer bereit, andern zu helfen. Wenn irgendwo ein Stein in einem Weg lag, dann hob er ihn auf mit seinen alten Händen und warf ihn beiseite. Immer wieder hat er die verstopften Quergräben der Feld-, Alp- und Waldwege freigelegt, ihre Bächlein abgeleitet und sich aus eigener Initiative um das Gemeinwerk gekümmert. Deswegen war er auch hochgeschätzt bei seinen Dorfgenossen, jung und alt.

Er besorgte sein Vieh ohne einen Stock zu gebrauchen. Als er krank wurde – das Krankenlager sollte zu seinem Totenbett werden – mussten andere für ihn füttern. Eines Tages, als das Vieh am Brunnen war, hörte die Leitkuh durch das offene Fenster die Stimme ihres Meisters. Sie beginnt zu

Menga Dolf, «Die obere Kammer»

muhen, will zu ihm und springt über die Scheunenauffahrt hinauf zur Haustüre, und wir haben alle Mühe, sie von dort wieder fortzubringen. «Meine Grischa! Ich käme gern; doch kann ich jetzt nicht kommen.»

Ja, eine Lungenentzündung hatte ihn erwischt, und er hatte sich ins Bett legen müssen. Und gewiss hätte ihn der Doktor Nay, der damals in Thusis war, kurieren können. Alles war auf gutem Weg, er durfte sogar aufstehen, aber noch nicht das Haus verlassen. Doch was macht unser alter Onkel? Es war Landsgemeindesonntag. Er verlässt das Haus – niemand war zugegen, der ihn gehindert hätte – und geht nach Sutgea hinab, um nach Donat hinunterzuschauen und zu sehen, wie die Landsgemeinde verläuft. Am anderen Tag ist er wieder im Bett hohem Fieber. Der Arzt kommt. «Was macht ihr auch für Dummheiten!» Doch der Onkel Linard gibt keine Antwort mehr. Er ist nicht mehr bei sich und am nächsten Tag ist er tot.

Am Tag der Beerdigung haben sie ihn, wie das bei uns der Brauch ist, um zwölf Uhr mittags in den Sarg gelegt. Der Giaccan Fretg, ein grosser, eher rauer Mensch, hat dabei geholfen, und ich, ein Elfjähriger, stand daneben. Und ich kann nicht vergessen, wie eine Träne des Giaccan auf die Stirn des Onkels im Sarg herabfällt, und noch eine, und wie Giaccan mit zitternder Stimme sagt: «Ja, Linard, du bist immer ein guter Kerl gewesen – hast viel für andere getan.»

Da kamen auch mir die Tränen, und ich bin aus der Stube geflohen, und sie wollten fast nicht mehr aufhören zu fliessen.

Dann wurde er begraben, und es war eine überaus grosse Gemeinde, die ihm das letzte Geleit gab.

Jetzt, wo ich das aufschreibe, ruht der Onkel Linard seit fast fünfzig Jahren auf dem sonnigen Friedhof unseres Bergdorfs.

---

1 Hrest lung = der lange Christian
2 cumpagneia = Jungmannschaft
3 «Was für eine traurige Trennung würde das sein, ebenso gut könnte ich jetzt in deinen Armen sterben!»

Der ‹buab› des Jerg

E s ging gegen Abend. Banadetg kam von Zillis herauf, als er oberhalb von Scarvens auf dem Weg von Canols eine grosse Gestalt, die etwas auf dem Rücken trug, herunterkommen sah.

Wer ist denn das, und was trägt er? ... Ja, ist das ...? Ja hat er ihn gefunden?

Es war der Jerg, der jetzt vor ihm stand – Jerg mit einer traurigen Last: seinem toten ‹buab›.

«So hast du ihn denn gefunden, du Ärmster!»

«Ja, ich hab ihn gefunden», sagte Jerg mit zitternden Lippen und tieftrauriger Stimme.

«Wo?»

«Im grossen Kessel unter dem Steg.»

«So. So ist das ... Armer. Da, nimm, ich hab noch einen Tropfen im Fläschchen. Viel kanns zwar nicht helfen ...»

Und dann ging der Jerg weiter mit seinem Söhnchen, das ihm der bittere Tod so plötzlich entrissen hatte. Bald war er zu Hause, drunten in Scarvens, wo Ursina wartete, ‹la mamma›.

*

Es war Anfang Juli, ein heller Morgen. Die Sonne berührte eben mit ihrem goldenen Licht den Pez Bavregn. Da öffnete sich in Scarvens, dem kleinen Gehöft zwischen Casti und Vargistagn, die Haustüre, und Jerg kam heraus mit seinem

Söhnchen Giaccan, und hinter ihm erschien auf der Schwelle Ursina, seine Frau. Jerg war ein Mann in den besten Jahren, mehr als sechs Fuss gross, breitschultrig und mit kräftigen Armen. Ein gewaltiger schwarzer Bart fiel ihm auf die Brust. Der Stock mit eiserner Spitze in seiner Linken war so lang wie er selbst, mit der Rechten hielt er eine Hacke und eine Schaufel fest, die er sich über die Schulter gelegt hatte. Auf seinem Rücken hing der Proviantbeutel. Giacanet war ein kräftiger Bub von elf oder zwölf Jahren, mit schwarzen Augen und einem schwarzen, lockigen Haarschopf. Aus seinen Augen leuchteten Lebensfreude und Unternehmungslust. In der Hand trug er ein Kännchen für die Milch, die er von der Alp heimbringen sollte.

«So geht in Gottes Namen und passt gut auf», sagte die Mutter, und gab dem ‹buab› noch einen Kuss zum Abschied.

«Ja, Gott behüte. Sei ohne Sorge.»

Jerg, der Maurer und Dachdecker war und überhaupt bewandert in aller Art Arbeit, sollte auf der Alp Curtginatsch das Dach des Schweinestalls wieder in Stand stellen und dann hinuntergehen und den Graben gegen die Valatscha[1] hin öffnen. Gestern war Giari Fravi von Farden, der Alpmeister, da gewesen und hatte gesagt, dass das Regenwasser im Schweinestall durch das Dach tropfe, dass man meinen könnte, man stehe im Freien. Das gehe natürlich nicht, die Schweine müssten eine ordentliche Unterkunft haben. Dann sei der Graben, der zur Valatscha führe, eingestürzt und müsse wieder einmal ausgehoben werden, damit die Kühe, die in der Nacht dort hinausgingen, nicht abstürzten. Er solle, wenn möglich morgen, hinaufgehen und das in Ordnung bringen, und Jerg, der froh war über den Auftrag, versprach es. Denn Jerg war ein fleissiger Mann, zuverlässig und auf den Verdienst bedacht, um seine Familie ordentlich durch-zubringen und sein Gehöft in Scarvens abzuzahlen.

Giacanet hatte mit dem Vater mitgehen wollen. Dieser hatte zuerst abgewehrt. Wenn es ein Gewitter geben sollte, wäre das nichts für den Kleinen. Aber der ‹buab› hatte nicht nachgelassen mit Bitten und Betteln, bis der Vater nachgab.

Und jetzt gingen die beiden den steilen Weg hinauf, dann nach Canols und Prada hinein. Überall war man am Heuen, und weit herum hörte man das Wetzen der Sensen.

«‹Bùngi›, schneidets?», grüsste der Jerg und bekam zur Antwort, «ja, tadellos. – Wohin gehts denn?», und so in ci-nem fort.

Der ‹buab›, ein aufgewecktes Bürschchen, stellte eine Menge Fragen, und der Vater gab geduldig Antwort.

In Vargistagn hatte Jerg am Dorfrand einen wichtigen Disput mit ô Risch, und in der Dorfmitte trafen sie auf onda Mengia, die mit ihrem Kupferkesseln am Brunnen Wasser holte.

«Jetzt schau da, ‹dus ummans da culm›»[2], ein grosser und ein kleiner. Wohin gehts denn?»

«Nach Curtginatsch», antwortete Giacanet nicht ohne Stolz.

«Das ist aber noch weit. Warte, mein ‹buab›, für dich hab ich etwas.»

Onda Mengia – eine Frau mit offenem Herzen und offe-ner Hand – ging ins Haus hinein und kam mit einem grossen Stück Kuchen zurück.

So gegen neun Uhr sind die beiden auf Curtginatsch einge-troffen. Mit Milch und Ziger stillten sie Hunger und Durst, und Jerg machte sich an die Arbeit, während der ‹buab› her-umsprang, um alles auszukundschaften. Am interessantesten war, wie der Senn mit dem Zusenn in der Hütte Butter und Käse machte. Giacanet versuchte sogar, selber das grosse Butterfass zu drehen, doch ging das dann doch zu schwer. Alpeinwärts, gegen den Plàn d'Armeras hin, weideten die Kühe mit vielstimmigem Geläute. Schnell wie der Wind lief Giacanet hinüber, um das Vieh, die Braunen und Grauen, die Graubraunen, die Gelben und die Weissen, zu bestaunen und um ein wenig mit den Hirten zu plaudern. Diese hatten die grösste Freude an dem munteren ‹buab›. Einer nahm sein Edelweiss vom Hut und gab es ihm. Mit Sprüngen und Hüpfern kehrte er zum Vater zurück und erzählte ihm, was er alles gesehen und erlebt hatte. Doch dieser war jetzt mit seiner Arbeit beschäftigt und kurz angebunden.

So verging der Vormittag, und Jerg konnte seine Arbeit am Dach fertig machen. Am Nachmittag stieg er mit Pickel und Schaufel in die Valatscha hinunter, um dort den Graben wieder zu öffnen, und natürlich wollte ihn der ‹buab› begleiten. Mit Staunen betrachtete er den Steilhang gegenüber. Im Winter war eine gewaltige Lawine heruntergekommen und hatte oberhalb von Danis das Tobel mit Schnee gefüllt. Sie war noch nicht geschmolzen, und der Bach hatte sich ein mächtiges Gewölbe hindurchgefressen.

Draussen auf der Alp digl Crap sah man die Schafe der Bergamasker. Man hätte meinen können, sie seien auf der steilen Halde angeklebt. Der Hirt, lang und hager wie eine Stange, stand zuäusserst auf dem Felsen, auf den Stock gestützt, neben sich den Hund. Und weiter oben, auf der Höhe von Tumpriv, hatten sich die Kühe der Bergamasker versammelt, in Rudeln wiederkäuend. So viel gabs da zu sehen, so viel zu fragen! Der Vater arbeitete mit Pickel und Schaufel, dass der Schweiss nur so heruntertropfte.

Als Jerg merkte, dass bald die Sonne untergehen würde, sagte er zum ‹buab›: «Du könntest nach Curtginatsch hinaufgehen und in unserer Kanne ein wenig Käseschotte holen; aber pass auf, wenn du über den Steg gehst.»

Mit ein paar Sätzen sprang der ‹buab› bergauf und verschwand hinter dem Buckel, der den Steg und den Bach verbarg, und Jerg, der an nichts Schlimmes dachte, hackte und schaufelte.

Giacanet hat unterdessen den Steg erreicht: ein breites Brett, das auf zwei Balken über den wild rauschenden Bach hinüberführt. Besonders wild ist er zu dieser Tageszeit.

Er ist schon fast drüben angekommen, als eines der Pferde, die dort weiden (damals sömmerte man auch Pferde auf der Alp), scheut, den Kopf hebt und eine Bewegung zum Steg hin macht. Der ‹buab› erschrickt, macht einen Schritt zurück, tritt dabei statt auf das Brett ins Leere und stürzt mit einem Schrei ins Wasser, wo ihn die Wellen packen und mit unerhörter Gewalt in die Tiefe reissen. Niemand hat etwas gesehen. ‹O vé!›

Währenddem ist Jerg nichtsahnend an seiner Arbeit. Erst nach einer Weile, als der ‹buab› nicht zurückkommt, schaut er zur Hütte vom Curtginatsch hinauf. Dort ist alles still und ruhig. Der Zusenn spaltet Holz und auch der Senn macht sich vor der Hütte zu schaffen. Doch der ‹buab› ist nirgends zu sehen.

Er wird noch hinter dem Buckel sein, beruhigt sich Jerg und wartet noch ein Weilchen.

Doch Giacanet kommt nicht zum Vorschein.

Wo der nur bleibt? Jetzt muss ich doch gehen und sehen, wo er ist.

Er geht zum Bach hinüber, dann, als er ihn dort nicht finden kann, nach Curtginatsch hinauf, wo man den Giacanet auch nicht gesehen hat.

Jetzt wird Jerg unruhig. Der Bach …, der Steg …, wenn …, um Gottes Willen!

Er wagt nicht weiter zu denken. Wie von den Furien gejagt, läuft er über die Weide hinunter und schreit: «Giacanet, ‹buab›, wo bist du?»

Keine Antwort. Nur das Tosen des Bachs, der zwischen den Felswänden hinunterstürzt, dem grossen Wasserfall des Crap entgegen.

Der Senn und der Zusenn sind dem Jerg nachgelaufen, und auch der Senn und der Zusenn von Nurdagn, die per Zufall alles gesehen haben, kommen vom Schrecken gepackt in grossen Sprüngen über die Wiesen herunter.

Völlig ausser sich läuft Jerg dem Bach entlang auf und ab, bleibt manchmal stehen und durchforscht mit seinem Blick eine Untiefe …

Doch was kann man da machen? Wenn der ‹buab› in den Bach gefallen ist, ist alles umsonst, alles verloren. Die vier Männer brauchen all ihre Kraft, um den Jerg zurückzuhalten, sich nicht selbst in den Bach zu stürzen.

Vergeblich hoffen sie, dass Giacanet noch irgendwo zum Vorschein kommt. Schliesslich müssen sie sich ins Unabänderliche fügen: Er ist in den Bach gefallen und ertrunken.

*

Das war ein gewaltiges Erschrecken in Vargistagn, als der Zusenn von Curtginatsch die traurige Botschaft brachte, und die Kunde verbreitete sich in Kürze in allen Dörfern des

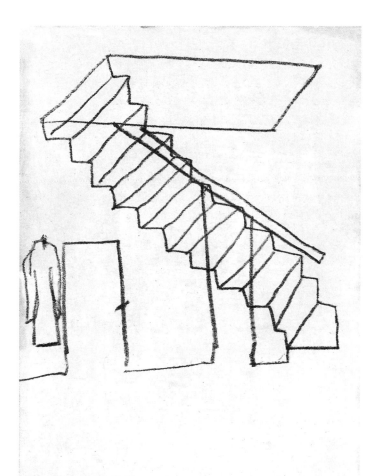

u 03

Menga Dolf, «Treppe nach oben»

Schamserbergs. Alle Männer von Vargistagn und viele aus den andern Dörfern stiegen hinauf, um zu helfen, den Giacanet zu suchen, den man überall kannte und gern hatte. Wie aber sollte man zwischen die beiden Wände der Schlucht hineinsteigen? Das hätte zweifellos für jeden den Tod bedeutet. Doch gingen sie dem Bach entlang auf und ab, von der Valatscha aus hinunter, soweit man kam. In Danis unten bauten sie mit Mühe und unter Lebensgefahr einen Rechen, um den kleinen Leib aufzufangen, wenn er nicht schon hinuntergeschwemmt worden war.

Der Jerg stieg – trotz allen Versuchen, ihn zurückzuhalten – durch den Stollen, den der Bach in die Lawine gegraben hatte, hindurch und kam Gott sei Dank oben wieder heraus, völlig durchnässt und zitternd vor Kälte, doch ohne den ‹buab›.

Drei Tage lang haben sie gesucht. Dann blieb der Jerg, der in all seinem Schmerz ruhig geworden war, allein zurück. Am vierten Tag kam er wieder nach Curtginatsch hinauf und holte hinter der Hütte eine Stange, eine der längsten, die er fand. Daran befestigte er einen Haken, den er in der Hosentasche mitgebracht hatte, so fest, dass niemand ihn hätte abreissen können. Ohne ein Wort zu sagen ging er damit zum Bach hinunter und durchsuchte sorgfältig den Kessel. Die Leute von Curtginatsch standen dabei und verfolgten seine Nachforschung gespannt.

Und auf einmal beginnt er an der Stange zu ziehen, hebt sie empor – und bringt das Körperchen des Giacanet zum Vorschein …

Jerg hat seinen ‹buab› gefunden.

*

Wir haben am Anfang unserer Erzählung den Jerg mit seiner traurigen Last in Canols unten angetroffen. Das war an einem Freitagabend. Zwei Nächte durften die Eltern ihren Giacanet noch bei sich behalten. Dann, am Sonntag, haben ihn die Burschen von Casti und Vargistagn nach Casti hinunter- und zum Friedhof hinaufgetragen. Eine selten grosse Schar von Menschen hat Giacanet zu seiner letzten Ruhestatt begleitet.

Und jedes Mal, wenn der Jerg mit den Besen, die er verfertigte und zum Verkauf anbot, nach Munsulegl heraufkam, erzählte er von seinem Giacanet, auch noch als er über achtzig Jahre alt war, nie ohne Tränen.